POR QUE PLANEJAR?
COMO PLANEJAR?

Currículo – Área – Aula

Dados Internacionais de Catalogação na Publicação (CIP)
(Câmara Brasileira do Livro, SP, Brasil)

Menegolla, Maximiliano
  Por que planejar? : como planejar? : currículo, área, aula /
Maximiliano Menegolla, Ilza Martins Sant'Anna. – 22. ed. –
Petrópolis, RJ : Vozes, 2014.

  Bibliografia.

  8ª reimpressão, 2023.

  ISBN 978-85-326-0776-8

  1. Currículos – Planejamento 2. Planejamento educacional
I. Sant'Anna, Ilza Martins II. Título.

08-02439   CDD-371.207

Índices para catálogo sistemático:

1. Planejamento escolar : Educação   371.207

Maximiliano Menegolla
Ilza Martins Sant'Anna

POR QUE PLANEJAR?
COMO PLANEJAR?

CURRÍCULO – ÁREA – AULA

Petrópolis

© 1991, Editora Vozes Ltda.
Rua Frei Luis, 100
25689-900 Petrópolis, RJ
www.vozes.com.br
Brasil

Todos os direitos reservados. Nenhuma parte desta obra poderá ser reproduzida ou transmitida por qualquer forma e/ou quaisquer meios (eletrônico ou mecânico, incluindo fotocópia e gravação) ou arquivada em qualquer sistema ou banco de dados sem permissão escrita da editora.

CONSELHO EDITORIAL

Diretor
Volney J. Berkenbrock

Editores
Aline dos Santos Carneiro
Edrian Josué Pasini
Marilac Loraine Oleniki
Welder Lancieri Marchini

Conselheiros
Elói Dionísio Piva
Francisco Morás
Gilberto Gonçalves Garcia
Ludovico Garmus
Teobaldo Heidemann

Secretário executivo
Leonardo A.R.T. dos Santos

Diagramação: Redz – Estúdio de Design
Capa: Omar Santos

ISBN 978-85-326-0776-8

Este livro foi composto e impresso pela Editora Vozes Ltda.

SUMÁRIO

INTRODUÇÃO, 9

PARTE I – FUNDAMENTAÇÃO TEÓRICA E PRÁTICA, 11
I. O ato de planejar, 13
II. Definição de planejamento, 16
   1. Processo de prever necessidades, 16
   2. Processo de racionalização dos meios e dos recursos humanos e materiais, 17
   3. O processo de planejamento visa o alcance de objetivos em prazos e etapas definidas, 18
   4. O processo de planejamento requer conhecimento e avaliação científica da situação original, 19
III. O planejamento educacional numa perspectiva humana, 20
   1. Planejar o processo educativo, 22
   2. Planejamento educacional, 27
IV. A escola e seu planejamento, 36
   1. O planejamento em nível de escola, 38
V. Os professores e o planejamento, 41
   1. O planejamento para o aluno e para o professor, 43
VI. Níveis de planejamento educacional e de ensino, 46
VII. O currículo escolar, 48
   1. Fases para o planejamento curricular, 52
   2. Relação entre os elementos que constituem o plano curricular, 55
VIII. Planos de curso e planos de disciplinas, 57
IX. Os alunos e o planejamento da disciplina, 59
X. O plano de disciplina, 62
   1. A importância do plano de disciplina para o professor, 63
   2. Características de um plano de disciplina, 65

2.1. Objetividade e realismo, 65
2.2. Funcionalidade, 65
2.3. Simplicidade, 66
2.4. Flexibilidade, 67
2.5. Utilidade, 68

XI. Etapas para a elaboração de um planejamento de disciplina, 70
1. Sondagem: alunos, professores, escola e comunidade, 72
2. Definição dos objetivos, 74
    2.1. Características para uma boa definição dos objetivos, 75
    2.2. Níveis dos objetivos de ensino, 79
    2.3. Objetivos operacionais, 81
3. Seleção dos conteúdos da disciplina, 84
    3.1. Critério de significação, 86
    3.2. Critério de adequação às necessidades sociais e culturais, 86
    3.3. Critério de interesse, 86
    3.4. Critério de validade, 86
    3.5. Critério de utilidade, 87
    3.6. Critério de possibilidade de reelaboração, 87
    3.7. Critério de flexibilidade, 88
4. Seleção dos procedimentos, 88
5. Seleção e organização dos recursos didáticos, 90
6. Processo de avaliação, 92

PARTE II – INSTRUMENTALIZAÇÃO PARA A AÇÃO, 95
I. Da teoria à prática: propostas referenciais metodológicas, 97
II. Projeto, 103
1. Justificativa, 103
2. Caracterização, 103
3. Princípios fundamentais, 105

4. Fases típicas da elaboração de um projeto, 109
5. Gráfico de Gantt, 111
    5.1. Metodologia para uso do gráfico, 112
    5.2. Método do Caminho Crítico ou CPM, 113
    5.3. Roteiro-sugestão de projeto, 115
    5.4. Roteiro-sugestão para avaliação de projeto, 117

III. Organização sequencial de tópicos para a construção de diferentes tipos de planos, 121

1. Plano curricular, 121
    1.1. Em nível de escola, 121
    1.2. Planejamento e currículo por atividades, áreas de estudos e disciplinas, 123
2. Plano bimestral, 124
3. Plano de unidade, 125
    3.1. Elementos, 125
    3.2. Sugestões de roteiros para plano de unidade, 127
4. Plano de aula, 128

IV. APÊNDICE, 131
V. GLOSSÁRIO, 149
BIBLIOGRAFIA, 155

INTRODUÇÃO

Planejar ou não planejar o ensino. Eis a questão que sempre repete a mesma história, sem que coisa alguma seja mudada. Planeja-se, projeta-se, prevê-se, realizam-se reuniões, tomam-se decisões, que fielmente são registradas em atas e habilmente arquivadas, mas tudo fica por isso mesmo.

A rotina se repete dia a dia, ano após ano. Esta parece ser a lamúria que pervade a mente dos professores, já cansados de tanto planejamento e de poucas mudanças no ensino e na escola. E a descrença herética se difunde e se propaga de geração a geração.

Por que se constata este descrédito e descaso, que, por vezes, chega ao ridículo pedagógico, em se pensar a educação através de um profundo e realista planejamento da mesma? Por que os professores veem no planejamento uma ação desnecessária e, até mesmo, inútil em planejar? Por que sentem certa repulsa, relutância e resistência em planejar?

Quais seriam as causas que provocam este fenômeno antipedagógico em rejeitar a ação de planejar por parte de certos professores? Uma das causas não seria o superficial conhecimento e o pouco preparo que os professores possuem sobre o planejamento e a sua validade científica, pedagógica e didática? Parece-nos que, de certa forma, algumas vezes, a rejeição ao ato de planejar reside no fato de que haja uma carência de objetivos claros e bem definidos sobre a importância de tal ato. Desse modo, os professores passam a perceber que os planejamentos a eles solicitados não passam de exigências burocráticas ou de defesas de certos modismos pedagógicos. Tal procedimento, de acordo com a percepção dos professores, redundaria no envaidecimento pedagógico de certos setores da escola. A rejeição se dá ainda porque, muitas vezes, são exigidos dos professores planejamentos um tanto sofisticados, mas de pouca funcionalidade na sala de aula. Sabemos que o ato de planejar deve estar destituído de sofisticações e para isso ele deve exigir objetividade, simplicidade, validade e funcionalidade.

O planejamento deve ser um instrumento para o professor e para o aluno, diríamos que, principalmente, para os alunos. Em segundo lugar visa, o atendimento aos objetivos da escola ou dos seus setores pedagógico-administrativos.

Ao defrontarmos com esta situação de pouca funcionalidade dos planejamentos que, de modo especial, acontece com as escolas, na realidade essa situação se torna complexa, pois sempre achamos que os professores seriam, justamente os professores, os grandes conhecedores em planejar e executar aquilo que foi planejado.

Por que é importante planejar o ensino? Sabemos que o homem para poder viver ou, até mesmo, para sobreviver se impõe a necessidade de pensar de forma consciente e crítica o seu agir. Pensar o viver é uma exigência existencial que provoca e obriga, constantemente, o homem atual.

São a educação e o ensino meios que se propõem ajudar o homem a enfrentar a sua problemática existencial para que tenha condições de aprender a viver melhor. Sendo assim, a educação, o ensino e toda a ação pedagógica devem ser pensadas e planejadas de modo que possam propiciar melhores condições de vida à pessoa.

Por isso, o homem deve pensar sobre o seu passado e o seu presente para poder definir o seu futuro, sendo esta a realidade inquestionável com a qual o homem tem que se afrontar para poder viver no presente e no futuro. Decorrente disso, o homem sente a urgência de se situar perante a vida: mas, para isso, precisa pensar, repensar e planejar a sua vida.

A educação, a escola e o ensino são os grandes meios que o homem busca para poder realizar o seu projeto de vida. Portanto, cabe à escola e aos professores, o dever de planejar a sua ação educativa para construir o seu bem-viver.

PARTE I
FUNDAMENTAÇÃO TEÓRICA E PRÁTICA

I. O ATO DE PLANEJAR

O ato de planejar é uma preocupação que envolve toda a possível ação ou qualquer empreendimento da pessoa. Sonhar com algo de forma objetiva e clara é uma situação que requer um ato de planejar.

O planejar foi uma realidade que acompanhou a trajetória histórica da humanidade. O homem sempre sonhou, pensou e imaginou algo na sua vida. O homem primitivo, no seu modo e habilidade de pensar, imaginou como poderia agir para vencer os obstáculos que se interpunha na sua vida diária. Pensava as estratégias de como poderia caçar, pescar, catar frutas, e de como deveria atacar os seus inimigos.

A história do homem é um reflexo do seu pensar sobre o presente, passado e futuro. O homem pensa sobre o que fez; o que deixou de fazer; sobre o que está fazendo e o que pretende fazer. O homem no uso da sua razão sempre pensa e imagina o seu "quefazer", isto é, as suas ações, e até mesmo, as suas ações cotidianas e mais rudimentares. O ato de pensar não deixa de ser um verdadeiro ato de planejar.

A mais simples das pessoas diz: quero isto ou aquilo, como devo agir, que meios tenho para alcançar o desejado, qual o melhor caminho a seguir, quem pode me ajudar, quando devo fazer?

Toda pessoa, ao se levantar, pensa no seu dia, no que vai acontecer. O seu dia é um constante "devir". E este constante "devir" obriga a pessoa a pensar, prever, imaginar, sonhar e tomar, a todo o momento, decisões; porém, ela sempre quer tomar as melhores e mais acertadas decisões para a sua ação, para o alcance dos seus objetivos.

A pessoa que pensa sobre o seu dia está planejando o seu dia. Esta é uma tarefa da pessoa, da simples e da analfabeta, ou do letrado, do sábio, do cientista, do técnico, do especialista; enfim, todos pensam e planejam o seu dia. Pensar o dia a dia é planejar a nossa ação para atingir os nossos desejos.

Algumas pessoas planejam de forma sofisticada e altamente científica, obedecendo os mais rígidos princípios teóricos, e em nada se afastando dos esquemas sistêmicos que orientam o processo de planejar, executar e avaliar. Outros, que nem sabem da existência das teorias sobre planejamento, fazem seus planejamentos, sem muitos esquemas e dominações técnicas; contudo são planejamentos que podem ser agilizados de forma simples, mas com bons e ótimos resultados. Disto podemos deduzir que ninguém consegue se livrar do ato de planejar; porém, conseguem, isto sim, se evadirem do ato de executar, mas não do ato de planejar.

Portanto, justificar a necessidade de planejar parece não ser tão necessária; pois, o homem hoje e sempre fez e faz planejamento das suas ações. Sendo assim, tudo é pensado e planejado na vida humana. A indústria, o comércio, a agricultura, a política, os grupos sociais, a família e os indivíduos fazem os seus planejamentos, por escrito, mental ou oralmente, mas sempre esboçam o seu modo de agir. Podem ser planejamentos altamente técnicos e sofisticados como os de uma usina atômica; ótimos como os de uma pequena indústria, razoáveis como os de um time de futebol de várzea, simples como os de uma atividade corriqueira; contudo são planejamentos.

Muitos estruturam planos sérios, válidos, úteis e viáveis; outros elaboram planos sem validade, sem utilidade, isto é, planejam até as inutilidades para ver se elas conseguem se tornarem úteis.

Como se pode ver todos fazem seus planejamentos. Tudo é pensado: vou fazer isto ou aquilo; faço isto desta ou daquela forma; posso fazer ou não posso fazer; posso fazer com isto ou com aquilo. Isto tudo acontece porque a pessoa quer alcançar alguma coisa para ela ou para os outros.

Por isso, planejar é uma exigência do ser humano; é um ato de pensar sobre um possível e viável fazer. E como o homem pensa o seu "quefazer", o planejamento se justifica por si mesmo. A sua necessidade é a sua própria evidência e justificativa.

II. Definição de planejamento

> *"Entende-se por planejamento um processo de previsão de necessidades e racionalização de emprego dos meios materiais e dos recursos humanos disponíveis, a fim de alcançar objetivos concretos, em prazos determinados e em etapas definidas, a partir do conhecimento e avaliação científica da situação original"*
> (MARTINEZ; OLIVEIRA LAHONE, 1977, p. 11).

Esta definição não se caracteriza por um tipo específico de planejamento; por exemplo, planejamento educacional, econômico ou industrial, mas ela pode se referir a todos os tipos de planejamento, nos seus elementos básicos. Analisando a definição, num sentido amplo e geral, podemos ver claramente os elementos fundamentais que a constituem e que podem fazer parte inerente de definições específicas de qualquer tipo de planejamento. Vejamos os elementos básicos da definição:

1. Processo de prever necessidades

Por processo entendemos uma sucessão de etapas que se desencadeiam numa sequência lógica, obedecendo normas, métodos e técnicas específicas para atingir algumas finalidades, metas ou objetivos.

Prever necessidades é ver e pensar sobre o que é necessário ser realizado numa situação real e presente ou a previsão de futuras necessidades. É pensar sobre o presente e sobre o futuro, para sanar problemas existentes ou evitar que surjam novos problemas.

Prever é perceber, claramente, o que é possível fazer para se poder resolver situações, a partir das intenções teóricas, a fim de se chegar a um agir concreto.

Uma necessidade, em geral, parte sempre de algo concreto objetivo. A necessidade pode ser presente ou futura. Ela pode ser vista ou prevista.

O ato de planejar sempre parte das necessidades e urgências que surgem a partir de uma sondagem sobre a realidade. Esta sondagem da realidade é a primeira etapa do processo do planejamento. É através do conhecimento da realidade que se pode estabelecer, com mais precisão, quais as mais importantes urgências e necessidades que devam se enfocadas, analisadas e estudadas durante o ato de planejar. Necessidades são necessidades, por isso devem ser enfrentadas com sabedoria e urgência, isto é, de forma objetiva e realista, para se poder estabelecer quais as mais urgentes a serem atacadas.

2. Processo de Racionalização dos Meios e dos Recursos Humanos e Materiais

Racionalizar é um processo discursivo que se desenvolve a partir de proposições ou colocações evidentes e bem definidas, através das quais se pretende chegar a novas situações. Racionalizar é saber usar, com sabedoria, a razão para se poder efetivar uma real previsão de todas as condições e dos meios necessários, a fim de poder executar, com eficiência, o plano. É saber tomar decisões sobre o que se deve usar e sobre quem vai executar o plano.

O ato de planejar requer habilidade para prever uma ação que se realizará posteriormente, por isso se exige uma acertada e racional previsão de todos os meios e recursos necessários nas diferentes etapas do planejamento, do seu desenvolvimento e da sua efetiva execução, para alcançar os objetivos desejados.

A previsão e a tomada de decisões a respeito dos recursos e meios possíveis e disponíveis, que devem ser relacionados, para uma ação posterior, é fundamental, a fim de que possam se tornar fatores de ajuda na conquista dos objetivos. Essa previsão é um momento que envolve uma análise profunda da realidade, das disponibilidades, das possibilidades dos meios, dos recursos humanos e materiais.

A relação e organização dos melhores meios e recursos requer um estudo profundo, objetivo e realista, para que estes sejam os mais adequados aos objetivos que se pretende atingir, através da sua adequada aplicação e utilização. Os melhores e mais eficazes meios e recursos sempre devem ser selecionados e organizados a partir dos objetivos do planejamento. São os objetivos que devem decidir sobre os recursos e meios.

3. O PROCESSO DE PLANEJAMENTO VISA O ALCANCE DE OBJETIVOS EM PRAZOS E ETAPAS DEFINIDAS

Conhecida a realidade, surge a necessidade da definição dos objetivos para se processar uma mudança da mesma.

Uma das etapas principais do processo de planejamento é a definição e seleção dos melhores objetivos. Porque são os objetivos que vão dar toda a orientação e direção à dinâmica do processo de planejamento, como também à sua execução. Os objetivos constituem o núcleo e a dinâmica do planejamento; são eles que determinam e orientam todas as demais etapas do ato de planejar.

Os objetivos não só expressam intenções claras e bem definidas, como também estabelecem, em termos bem determinados, as etapas e prazos a serem desenvolvidos. O ato de planejar requer que se pense sobre etapas e prazos: Quando se deve iniciar a execução; até onde podemos ir, quando podemos ou devemos terminar? São perguntas que os planejadores devem fazer e responder corretamente, durante o processo de planejar, para que este possa delinear toda a dimensão e execução do plano.

Os objetivos para qualquer tipo de planejamento devem ser expressos em termos claros, concretos e de forma que digam exatamente o que se quer alcançar.

4. O PROCESSO DE PLANEJAMENTO REQUER CONHECIMENTO E AVALIAÇÃO CIENTÍFICA DA SITUAÇÃO ORIGINAL

Dado que o objetivo do planejamento é prever mudanças de uma situação real, o próprio ato de planejar deve se submeter a uma constante avaliação durante todo o processo. A avaliação do processo de planejamento deve ser a mais criteriosa e científica, para se evitar falhas na sua elaboração e estruturação. O planejamento deve ser constantemente avaliado e reavaliado, para se poder observar a concordância ou discordância entre os seus elementos constitutivos.

Concluindo, podemos dizer que todo o planejamento requer:

– conhecimento da realidade, das suas urgências, necessidades e tendências;
– definição de objetivos claros e significativos;
– determinação de meios e de recursos possíveis, viáveis e disponíveis;
– estabelecimento de critérios e de princípios de avaliação para o processo de planejamento e execução;
– estabelecimento de prazos e etapas para a sua execução.

Planejar, portanto, é pensar sobre aquilo que existe, sobre o que se quer alcançar, com que meio se pretende agir e como avaliar o que se pretende atingir.

III. O Planejamento educacional numa perspectiva humana

> *"Não basta que exista educação para que um povo tenha seu destino garantido. É preciso determinar o teor educacional para que se saiba em que direção está caminhando ou deixando de caminhar uma nação"*
> (ARDUINI, 1975, p. 117).

A educação, como processo de reconstrução do homem em todas as suas dimensões, pessoais, sociais, culturais e históricas, realiza-se no mundo dos homens, promovendo uma ação de desequilíbrio perante a realidade da natureza do homem, pois o homem, agindo ou interferindo no processo evolutivo da natureza, é capaz de provocar a ruptura necessária para mudar a própria direção dos fenômenos determinísticos.

O homem está situado em um mundo cujas leis e princípios parecem imutáveis como se fossem sua própria destinação. Porém ele não é um ser destinado a ter um viver determinado pelas forças que o circundam. Pois o seu destino não é um destino pronto ou acabado, mas um buscar contínuo de uma determinação que jamais poderá estabelecer-se como definitivo. O definitivo conduziria o homem para a impossibilidade e para a estaticidade, contrariando a sua natureza dinâmica e a sua possibilidade de fazer e refazer o seu mundo.

O viver do homem, o seu modo de ser e existir lhe são autônomos; não dependem, portanto, da dura determinação da natureza, na qual está inserido. Pertencer à natureza não significa que o homem não possa determinar o seu modo de ser na natureza. O poder pensar o seu modo de agir na natureza configura ao homem o poder de escolher o seu modo particular de ser. Um aspecto inalienável do homem, na natureza, é a sua capacidade de fazer a sua escolha, de pensar o seu pensar, de querer o seu querer, de sentir-se como alguém capaz de ser junto com a natureza; capaz de se libertar das opressões da natureza.

O destino do viver faz parte da própria natureza, isto é, ele é determinado e dado pela natureza. Porém, o destino de como viver não é determinação exclusiva da natureza, mas, essencialmente, do homem.

Partindo da ideia de que a educação não basta para dar ao homem um destino garantido, devemos entendê-la como um processo que não consegue ao homem tudo de que ele necessita. Deve ser entendida e desenvolvida a partir de uma visão total de homem e de mundo, no qual ele está inserido como um ser que tem uma trajetória a vencer. Mas, para que tenhamos esta visão total, necessário se faz entender o homem em todas as suas dimensões pessoais, pra ajudá-lo a escolher os seus melhores caminhos, ou o seu melhor destino. O destino deve e pode ser sempre uma opção livre e consciente de uma pessoa consciente e livre.

Para que o homem possa escolher e fazer as suas opções, é necessário que seja estabelecido o objetivo educacional, isto é, o teor da educação, a fim de que o homem possa fazer suas opções e estabelecer a sua trajetória; podendo, enfim, ser ele próprio, desenvolvendo-se como uma totalidade existencial.

Ajudar o homem para que ele mesmo escolha e crie o seu próprio modo de viver não é, simplesmente, querer ajudá-lo através de um processo que parta de uma atitude puramente assistemática, sem bases científicas, que se fundamente somente no bom-senso e no idealismo anticientífico. Deste modo, desencorajamos toda a metodologia científica que nos possa ajudar a melhor educar o homem e a favorecer o processo educativo, a fim de que seus fins possam ser alcançados. A educação deve estabelecer as direções, traçar caminhos, indicar metas, fins e objetivos. Para isso é necessário que o processo da educação faça uma previsão, isto é, que se estruture através de atitudes científicas. A primeira dessas atitudes é a revisão e o planejamento de todo o processo educacional. A partir disso, deduzimos que o planejamento é o instrumento básico de todo o processo educativo, que nos pode indicar as direções a seguir. Contudo, este planejamento deve partir da realidade radical, que é o homem e o seu viver.

1. Planejar o processo educativo

É necessário um planejamento que dimensione o processo educativo e reconstrutivo do homem, que vise planejar a ação educativa para que o homem viva o presente, e, ao mesmo tempo, se projete para o futuro, que está cada vez mais próximo. Ainda é necessário planejar o processo educativo para que o homem, submergido na problemática existencial, se lance na vida em busca do seu viver, para que encontre um sentido de vida e solução para seus problemas. O homem através da ação educativa visa superar os obstáculos da própria existência, de modo consciente e compromissado com agir e o viver. Tal planejamento pode possibilitar ao homem que ele próprio possa determinar os seus destinos vivenciais. Portanto, é necessário planejar o processo educativo para que o homem não se limite, mas se liberte, numa perspectiva dinâmica de ser para a vida. Deste modo, planejar não significa determinar os limites do homem circundando-o num viver estabelecido. Trata-se antes, de planejar para que o homem possa, com coragem, encaminhar-se para o desconhecido, com lucidez e autonomia, como uma pessoa liberta que é capaz de escolher os seus caminhos. Devemos planejar não para formar um tipo exclusivo de homem, ao contrário para que o homem possa determinar as suas escolhas, a partir dos seus direitos e das suas possibilidades.

Planejar um tipo de homem, através da educação, seria robotizar o próprio homem, sem possibilitar-lhe as escolhas, pois uma educação inteiramente dirigida, com a finalidade de também dirigir e manipular o homem, não lhe possibilitando sua autodeterminação, não é verdadeira educação. Esta educação planejada de modo rígido e inflexível poderá criar tipos de pessoas totalmente desengajadas da realidade. Resultando, então, em instrumentos dirigíveis, manipuláveis pela sociedade tecnocrata, seres alienados e massificados, com poucas oportunidades de libertação.

A educação também não deve ter o objetivo de dirigir a aprendizagem à exclusividade de certos assuntos determinados, propostos por sistemas políticos ou por certas ideologias. Tal educação impediria o educando de tomar suas decisões e fazer suas opções pessoais. Daí por que se faz necessário planejar a educação para que ela não bloqueie os processos de crescimento e a evolução do homem.

Planejar o processo educativo é planejar o indefinido, porque a educação não é um processo, cujos resultados podem ser totalmente pré-definidos, determinados ou pré-escolhidos, como se fossem produtos decorrentes de uma ação puramente mecânica e impensável. Devemos, pois, planejar a ação educativa para o homem, não lhe impondo diretrizes que o alheiem, permitindo, com isso, que a educação ajude o homem a ser criador de sua história.

O planejamento educativo não significa estabelecer o definitivo, através da determinação de finalidades educativas, as quais, por sua natureza, absolutizam os valores que o homem deve aceitar, sem possibilitar-lhe a própria escolha e a criação de novos valores.

Segundo Edgar Faure:
>todo o fato educativo se situa num processo que tende a um fim. Estes fins obedecem a finalidades gerias. E estas finalidades são essencialmente ditadas pela sociedade [...]. Mas são também o produto das vontades e das escolhas subjetivas dos participantes no ato educativo como dos fins comuns para que atende a coletividade. Marcar uma finalidade na educação não é investi-la nesta ou naquela função, mas é mostrar que as funções que lhe são próprias devem exercer finalidades que as transcendam (FAURE, 1974, p. 227).

O planejamento educativo, embora parta de uma realidade e seja dirigido pelas normas e necessidades da sociedade, não pode estabelecer princípios mistificadores ou dominadores.

A grande finalidade da educação não estabelece o definitivo para um planejamento educativo. Ela orienta o processo em busca de novos caminhos para novas soluções. Por isso, ela não é definitiva.

Para Pierre Furter:
>"a finalidade não consiste em aprender metas postuladas, nem repetir generalidades sem conteúdo, mas a se engajar num autêntico "êxodo para frente", num constante aperfeiçoamento da realidade, num esforço nunca acabado, sempre intenso. A finalidade, mais do que uma seta dirigida para o futuro, é uma frente que orienta nossa ação e que está sempre se deslocando para a perfeição (FURTER, 1972, p. 117).

Esta finalidade não pode ser estabelecida como se fosse algo já pronto ou acabado para as mais diversas realidades circunstanciais. Se assim procedesse, não permitiria ao indivíduo "caminhar para a frente", assumir a sua independência e se comprometer com a realidade de maneira consciente.

Planejar uma educação que configure a pessoa dentro das estruturas sociais, que oprima a pessoa pelas direções definitivas e acabadas, é barrar a libertação da pessoa. É fazer da educação um instrumento de conformismo de massas. É impedir o comprometimento e o desenvolvimento integral da pessoa humana. É dar espaço à indiferença e a inércia, distanciando-se da problemática do homem, tornando-o um verdadeiro alienado, incapaz de assumir uma atitude crítica diante da problemática social, econômica, política e religiosa.

Partindo da ideia de que a educação é um processo que deve libertar, conscientizar e comprometer a pessoa diante do seu mundo, ajudando a pessoa do educando a ser sujeito da sua ação educativa, não podemos, através de um planejamento educacional, fazer com que os sistemas educacionais mantenham as estruturas tradicionais em uma exclusiva direção, impedindo a pessoa de desenvolver sua originalidade e sua responsabilidade individual e social. A partir disso, o planejamento da educação deve ser de tal maneira que não venha a restringir todo o potencial da pessoa, impedindo que ela se autodetermine, que possa escolher os seus valores, seus caminhos, estabelecer suas direções e tomar as suas decisões.

O planejamento educacional não pode estar limitado por uma visão individualista, que procure conformar o ser humano a um sistema de restritas visões, sem que as suas necessidades básicas sejam satisfeitas.

Partindo destes princípios, é preciso planejar uma educação que, pelo seu processo dinâmico, possa ser criadora e libertadora do homem. Planejar uma educação que não limite, mas que liberte, que conscientize e comprometa o homem diante do seu mundo. Este é o teor que se deve inserir em qualquer planejamento educacional.

A educação deve atender ao objetivo mais significativo do homem, que é o de alcançar e conquistar a sua libertação. Por isso, a educação deve, necessariamente, partir de uma visão antropológica, para que possa atender e compreender o homem na sua totalidade de ser existencial. Deste modo, todo o planejamento educacional deve ser orientado por uma profunda filosofia da educação.

Por que a filosofia como orientadora do planejamento? Porque é a filosofia que determina um quê fazer e um como fazer diante da realidade existencial. É ela um elemento inexorável da verdade e dos valores ônticos que guiam o viver do homem, ajudam-no a ultrapassar os problemas que se interpõem diante do seu fazer. A filosofia é a orientadora do "quê fazer" humano. É a verdadeira impulsora da ação educativa numa direção antropológica.

Concluindo, podemos dizer que o planejamento educacional deve ter como ponto de partida o homem como realidade primeira e fundamental e a sociedade constituída de homens, caracterizada por toda uma problemática social. O planejamento deve refletir sobre os princípios educacionais que são capazes de orientar o homem, sendo este entendido como ser que constitui e dá sentido ao universo. Deve refletir sobre que tipo de educação é necessária para a integração e desenvolvimento do homem e da sociedade. Uma sociedade que se ajuste às necessidades do seres humanos, respeitando e defendendo os direitos dos homens. Um planejamento que se preocupe em devolver aos indivíduos a revitalização pessoal, os direitos, as responsabilidades e o comprometimento para consigo e com os outros. Um planejamento que tente desenvolver nas pessoas o sentido da vida, o desejo de querer viver e de permitir viver. Que devolva a liberdade e o espírito crítico, a consciência de viver e o autorrespeito. Um planejamento que tenha, como ponto de apoio, o homem e o seu viver, os valores e as necessidades humanas, os problemas e o desejo de vencer, enfim, o homem como um ser que vive a sua ida.

2. Planejamento Educacional

O que não é, e o que é planejamento educacional.
Segundo a Unesco (1968), seria melhor começar por dizer o que não é planejamento educacional. Não é uma panaceia miraculosa para a educação e para o ensino, que sofrem muitos males; não é uma fórmula mágica para todos os problemas; não é, também, uma conspiração para suprimir as liberdades dos professores, administradores e estudantes, nem um meio para grupos decidirem sobre objetivos e prioridades da educação e do ensino.

O planejamento não é um oráculo inspirador de todas as soluções para os problemas que se referem à educação e ao ensino. Não é um ditador de normas e de esquemas rígidos e inflexíveis, que podem e devem ser aplicados universalmente em todas as situações e lugares. Não é um delimitador de ideias, desejos e aspirações das mais diversas tendências sociais, políticas, econômicas e religiosas. O planejamento não é um ditador, mas é algo altamente democrático e desencadeador de invocações; por isso, é um processo que evolui, que avança e não permanece estático.

A educação, como processo de transformação e de aperfeiçoamento da cultura e do viver humano, por exigência da sua própria essência, é uma visão que se projeta além do momento presente. Sendo que a educação não se limita e não tem por objetivo apenas conhecer e analisar o presente, ou querer conservar o *status quo* da cultura e do saber, ela tende a pensar o futuro, a buscar novos horizontes e novas perspectivas pra o homem.

A educação não pode se limitar a enfatizar o passado ou o presente, como eles se manifestam, mas deve ser um processo que se antecipe, que se projete para além do passado e do presente, para que o homem saiba enfrentar as mutações radicais que se processam. O homem deve aprender a viver e a planejar o seu futuro, porque o passado já passou e o presente é tão radicalmente rápido que não mais parece existir.

O futuro parece não ser tão incerto como se pensa. Ele pode ser visto, sentido e pensado no presente; mas exige que as pessoas aprendam a vê-lo como futuro, a senti-lo e a percebê-lo como futuro que, inevitavelmente, se torna presente. O futuro é um prolongamento do presente e deste faz parte.

Todo o ser humano pensa no futuro, quer saber do seu futuro e partir desta ansiedade pelo futuro faz seus planos. Ele pensa no que vai fazer e no que pretende fazer. Planeja o seu agir, a sua vida, o seu trabalho, as suas economias; enfim, tudo aquilo que possa interferir na sua vida.

A educação, como sendo uma atividade eminentemente humana, e pela qual o homem se preocupa de maneira especial, deve ser planejada cientificamente para dar-lhe uma direção que venha atender às urgências humanas.

Sendo a pessoa o fim último da educação, necessário se faz refletir, profundamente, sobre a essência da educação e sobre o próprio processo da educação, que tem como meta final a formação integral do homem.

A educação não pode ser desenvolvida sem uma meta, sem um caminho que a direcione para o seu fim essencial, ou seja, o homem como uma realidade em busca de realização. E, como poderá ajudar o homem, na busca da sua realização, se este processo não for estruturado profundamente, em bases sólidas?

Ao se afirmar que a educação é essencial ao homem, não se pode pensar num processo educacional como sendo uma série de ações que pretendam atingir um fim; ou uma quantidade de normas institucionais que não partam da realidade existente; ou, mesmo, num processo que surja do simples bom-senso ou de ideais simplistas.

Dada a complexidade atual dos problemas educacionais, não se pode conceber o processo educacional com uma série de atividades e normas desconexas, mas como resultado de um verdadeiro planejamento, continuamente renovado, composto dos seguintes elementos:
– reconhecimento das urgências na educação;
– elaboração das metas educacionais, fixando as prioridades;
– senso e ordenação dos recursos humanos disponíveis;
– senso dos instrumentos e meios institucionais, financeiros e outros;
– elaboração das etapas do planejamento (Conclusões de Medellín, 1968, p. 78).

A educação, como processo, jamais pode ser desenvolvido isoladamente, quer dizer, fora do contexto nacional, regional e comunitário da escola, na qual o homem está inserido, como agente e paciente das suas circunstâncias existenciais. Por isso, todo o processo educacional requer um planejamento em termos nacionais, estaduais, regionais, comunitários, e requer também um planejamento a nível de escola e um outro específico de ensino, relativo às diferentes disciplinas e conteúdos.

O planejamento, em relação aos diversos níveis, deve ser o instrumento direcional de todo o processo educacional, pois ele tem condições de estabelecer e determinar as grandes urgências, de indicar as prioridades básicas e de ordenar e determinar todos os recursos e meios necessários para a consecução das metas da educação.

O planejamento educacional torna-se necessário, tendo em vista as finalidades da educação; mesmo porque, é o instrumento básico para que todo o processo educacional desenvolva a sua ação, num todo unificado, integrando todos os recursos e direcionando toda a ação educativa. É o planejamento educacional que estabelece as finalidades da educação, a partir de uma filosofia de valores educacionais. Somente com a elaboração do planejamento se pode estabelecer o que se deve realizar para que essas finalidades possam ser atingidas, e ver como podemos pôr em ação todos os recursos e meios para atingir os objetivos a que se propõe a educação. Por isso são elaborados Planos Nacionais e Estaduais, como também os Planos Regionais de educação. Esse procedimento deve ser seguido pelas escolas na elaboração dos seus planos curriculares e de ensino.

Portanto, partindo desses princípios, o planejamento educacional deve ser entendido e visto como um instrumento educacional a nível nacional, estadual, regional ou, mesmo, a nível escolar.

O planejamento educacional não pode ser confundido ou interpretado como se fosse uma planificação das atividades de ensino ou das atividades didáticas de uma escola. Pois a planificação de atividades escolares, no dizer de Osvaldo Ferreira de Melo (1969), são técnicas de trabalho usadas pela escola e pelos professores, não constituindo, propriamente, o planejamento educacional. Dessa forma, os planos elaborados pela escola e pelos professores não podem ser estruturados sem uma inter-relação com o planejamento educacional. O planejamento escolar não deve negar o valor e a necessidade do planejamento educacional, um não deve limitar e excluir a necessidade do outro.

> Será alienação do especialista (ou professor) concentrar toda a sua atenção no planejamento escolar, esquecendo-se que esta técnica de previsão do professor ou da escola, para os seus respectivos programas de trabalho, não pode excluir o estudo do planejamento global do fato educativo, dentro do qual serão considerados também a ação docente e as questões de administração escolar (FERREIRA DE MELO, 1969, p. 21).

A Conferência promovida pela Unesco, sobre a planificação da educação, assim define planejamento educacional:

> Planejamento educacional é, antes de tudo, aplicar à própria educação aquilo que os verdadeiros educadores se esforçam por inculcar a seus alunos: uma abordagem racional e científica dos problemas. Tal abordagem supõe a determinação dos objetivos e dos recursos disponíveis, a análise das consequências que advirão das diversas atuações possíveis, a escolha entre essas possibilidades, a determinação de metas específicas a atingir em prazos bem definidos e, finamente, o desenvolvimento dos meios mais eficazes para implantar a política escolhida. Assim concebido, o planejamento educacional significa bem mais que a elaboração de um projeto: é um processo contínuo que engloba uma série de operações interdependentes (UNESCO, 1968, p. 14).

A partir desta definição podemos destacar e analisar os aspectos mais importantes que caracterizam o planejamento educacional.

a) Uma abordagem racional e científica dos problemas

De acordo com esse enfoque somos levados a dizer que o primeiro passo que antecede ao ato de planejar é fazer uma sondagem da realidade educacional, a que vai se destinar o plano. Essa abordagem deve, naturalmente, ser embasada e orientada cientificamente. Deve seguir os princípios que orientam todo um processo de pesquisa, para se poder colher dados, os mais exatos possíveis, isto é, para se poder conhecer a realidade. Através dessa abordagem se deve descobrir quais os reais problemas, quais as reais necessidades que devem ser atacadas, quais as carências e urgências mais prementes, quais possibilidades e disponibilidades que a realidade oferece para se executar o plano.

b) Determinação dos objetivos e dos recursos
De tal abordagem os planejadores podem ter uma visão ampla e profunda das reais necessidades e das possibilidades da comunidade a que se destinar o plano. E a partir desse conhecimento podem determinar quais são os verdadeiros objetivos, e assim poder definir os objetivos em termos de evidências, para se tomar as mais acertadas decisões no ato de planejar e executar.

É mister que se conheça todo o potencial de recursos humanos e materiais disponíveis, de que possamos dispor para executar um plano. Assim procedendo teremos os melhores recursos possíveis e os mais adequados aos objetivos propostos. Pois o plano será fadado ao fracasso, se não for feita uma previsão sem uma seleção e uma disposição de recursos.

c) Análise das consequências que advirão das diversas atuações possíveis, a escolha entre essas possibilidades
Sempre que se desencadeia uma ação sobre uma realidade qualquer, é evidente que surjam consequências de toda a ordem. A mudança de uma realidade provoca as mais diversas consequências. Por isso, essas possíveis consequências devem ser analisadas nas mais diversas direções que possam tomar. Da previsão das consequências que se fará ao planejar, deve-se escolher as que serão mais consequentes sobre a realidade, ou mesmo tentar evitar as que poderão influenciar de maneira negativa.

O ato de planejar e executar também exige uma série de atuações nos mais diversos campos, daí a necessidade de se fazer essa análise.

d) A determinação de metas específicas a atingir em prazos bem definidos
Conhecida a realidade, as necessidades, os recursos e as possíveis consequências, se faz necessário estabelecer as metas que se querem atingir e onde se quer chegar:

são questões que exigem dos planejadores uma série de profundas reflexões, para que possam tomar as mais acertadas decisões. Determinar quais os objetivos que se quer alcançar, quais os mais urgentes, e que devem ser atacados a curto prazo. Definir as metas e objetivos e estabelecer o prazo em que devem ser atingidos. Sendo que este prazo deve ser exatamente determinado com objetividade e realidade. Outro aspecto que não pode ser relegado na definição das metas e objetivos é uma definição clara e precisa, em termos específicos e claros, das metas e objetivos. "Um sistema de ensino cujos objetivos são imprecisos é como um barco que navega sem destino" (UNESCO, 1968, p. 14).

e) O desenvolvimento dos meios mais eficazes para implantar a política escolhida

Selecionados os meios e recursos, surge toda uma série de implicações para se poder agilizar os próprios meios e recursos. Se não houver condições para o emprego dos melhores meios e recursos das diversas ordens, a política escolhida poderá ser totalmente frustrada. Caso esses meios existam, haverá, então, a necessidade de provocar o surgimento de outros meios eficazes.

f) Planejamento educacional significa bem mais que a elaboração de um projeto: é um projeto contínuo, que engloba uma série de operações interdependentes

O planejamento educacional não se limita a ser estruturado por uma série de projetos isolados e desenvolvido em regiões específicas, ele é um processo global que vai desde a definição de uma filosofia da educação até o estabelecimento dos processos para se desenvolver uma filosofia que oriente todo o processo.

Planejar é tomar decisões, mas essas decisões não são infalíveis. O planejamento sempre está em processo, portanto, em evolução e readaptação. Não é um processo estático, mas dinâmico, onde podem ser redefinidos os objetivos, reorganizados os meios e recursos, modificadas as estratégias de ação, mas isto só quando são observadas e constatadas certas incongruências na sua estrutura.

Planejamento é: "um processo de abordagem racional e científico dos problemas da educação, incluindo definição de prioridades e levando em conta a reação entre os diversos níveis do contexto educacional" (ENRICONE et al., 1969, p. 21).

O planejamento educacional, sendo uma abordagem racional e científica dos problemas da educação, em nível nacional e estadual, deve propor-se a atender a problemática, em nível regional, comunitário e escolar. Agindo diretamente sobre a pessoa, a fim de atender as urgências e atingir as grandes metas educacionais. Esse deve ser o seu grande objetivo. Há a necessidade de um planejamento nacional e de um planejamento estadual; da íntima relação desses dois planos são estruturados os planos curriculares das escolas que, por sua vez, dão as bases para a elaboração dos planos de ensino.

A escola pode e deve elaborar os seus planos curriculares, partindo da orientação dada pela lei ou pelos sistemas, com a finalidade de atender as características locais e as necessidades da comunidade. Portanto, a escola deve organizar seu currículo com base na:

> Interpretação das diretrizes e orientação emanadas do sistema, à luz dos critérios de exequibilidade e adaptação às realidades socioculturais e biopsicossociais; expressar-se por meio da estruturação do processo educativo e das relações entre os elementos responsáveis pelo mesmo, dentro e fora da escola, comunidade e educando (SEC-RS, 1974, p. 12).

É propriamente em nível de escola que o processo educacional age diretamente sobre o indivíduo; por isso há a necessidade das escolas elaborarem os seus planos educacionais.

A escola representa uma função destacada no contexto educacional da nação.

Se a educação, numa abordagem estrutural [...], se constitui fator para o desenvolvimento nacional, a escola aparece no contexto nacional como elemento que, atendendo a comunidade e ao educando, abre caminho para novas alternativas de maior eficiência na educação. Dessa forma, a escola, como agência institucionalizadora, intencional e sistemática para realizar a educação, surge, no contexto nacional, não apenas como agente de consolidação, mas também como desencadeante do desenvolvimento (SEC-RS, p. 7).

À escola cabe pôr em ação o processo educacional através dos seus planos de ação. Além disso à escola cabe, partindo da sua realidade e de suas necessidades e possibilidades, estruturar e organizar os seus planos. Estes planos são, propriamente, os planos curriculares que servirão de base para todo o processo educativo da escola.

Partindo da ideia de que é a escola a agente direta e dinâmica de toda a ação educativa, ela não pode agir em direção de certos objetivos, sem um plano curricular estruturado e organizado, a partir de princípios básicos, para o desenvolvimento do processo educativo.

Segundo Saylor e Alexander (1970), "nenhum plano geral de currículo servirá a todas as escolas". Vemos, com isso, que a escola deve preocupar-se com o planejamento do seu próprio currículo, a fim de atender as suas urgências locais e particulares. Deve ser estabelecido um currículo que possa atender às necessidades dos indivíduos daquela escola. Da mesma forma as oportunidades educativas, para determinada população escolar, devem ser planejadas pelos responsáveis da educação dessa mesma população. Por isso, cabe à escola planejar e ativar o processo educativo para a sua população alvo.

IV. A ESCOLA E SEU PLANEJAMENTO

A escola é uma instituição que se "aprimorou", no discurso falado e escrito, a respeito das teorias de planejamento e sobre o próprio ato de planejar. Planejar, planejamento e planos são palavras sofisticadamente pedagógicas e que "rolam" de boca em boca, no dia a dia da vida escolar. Todos os setores da escola devem ser planejados. Planejamento da direção, da supervisão, da orientação, dos professores, às vezes, até dos alunos; enfim, planejamento para todos os serviços existentes na escola; planejamento, até mesmo, para alguns setores ou serviços que nem existem na escola. Parece que a escola criou para si a fobia pedagógica de planejar. Ela é, talvez, a instituição em que mais se pensa, se fala e se faz planejamentos. São planejamentos de toda a ordem e estilos. O mais importante plano planejado pela escola é chamado didaticamente de plano global da escola. Plano que tenta dar forma à estrutura monolítica de tudo o que se pensa ou imagina para que a escola possa andar lenta e pausadamente na sua trajetória de muito planejar e pouco fazer.

Planejar, planejar é a ordem, é o dever; planejar é a cantiga diária dos comandos pedagógicos. Planejar é a angústia e o delírio mórbido da escola; é a enfadonha novela que os professores, diariamente, escutam com insistência e tenacidade dos seus coordenadores. Devemos planejar, é a ordem de comando. Até os alunos recebem a notícia de que devem planejar e executar os planos e, às vezes, por causalidade, eles participam dos planejamentos já planejados, aprovados e definitivos. Muitos chegam a ter a ousadia pedagógica de falar em planejamento "participativo", onde o aluno dá suas sugestões ao que já foi sacramentado e decidido.

Planejar para melhor executar seria o pedagógico objetivo. Mas, na escola, o planejar por planejar se tornou a verídica realidade da vida escolar.

Nas escolas, desde a mais bem estruturada, até a mais simples, se fazem planejamentos. Planejamento para tudo e para todos, para que tudo não funcione; esta parece ser a realidade da caótica estrutura escolar.

A direção planeja, a supervisão, a orientação, os professores e os alunos planejam. E qual o resultado desta tendência angustiante de tanto ter que planejar? O que se observa é sempre a mesma rotina, o mesmo marasmo, o mesmo cotidiano. Por vezes, chegam a chamar de planejamento certas reuniões enfadonhas, que não passam de uma recitação de avisos sobre aulas ou não aulas, calendários escolares, sobre provas, notas, cadernos de chamada, feriados ou não feriados e sobre outras situações previsíveis e imprevisíveis.

Desse modo, a vida de uma escola se torna um eterno e infindável planejar. Chegando, às vezes, ao final do ano sem ter concluído o planejamento. E assim vai "rolando", "rolando" a ação desplanejada, e o planejamento vai se arrastando na retaguarda da ação.

São planejamentos de curso, de disciplina, de conteúdos, de atividades, de aulas, de provas; planejamento de reuniões para planejar, planejamento e mais planejamentos, enfim, só se planeja e pouco ou nada se executa, a não ser planejar.

Parece que na escola existe um certo carisma inspirador que força e impõe a necessidade de sempre estar planejando. O importante passa a se planejar e não tanto executar. Para muitas escolas, a execução é uma palavra de pouca expressão linguística, mas "planejar" é um verbo com certa sonoridade e que é conjugado em todos os modos, tempos e pessoas. É um verbo apresentável e de alta categoria na classe social da educação. Na educação, na

escola, no ensino, a palavra planejar se tornou indispensável e obrigatória ao vocabulário pedagógico.
Planejar se tornou uma moda didático-pedagógica. Professores que não planejam são considerados desatualizados e antiquados ou não conhecedores da educação e do ensino modernos.

1. O PLANEJAMENTO EM NÍVEL DE ESCOLA

A educação, como processo, jamais pode ser desenvolvida fora do contexto nacional, regional e comunitários da escola, na qual o aluno está inserido como agente e paciente das suas circunstâncias existenciais. Por isso, todo o processo educacional requer um planejamento em termos nacionais, regionais, comunitários, como também um planejamento a nível de escola e um planejamento específico de ensino, relativo às diferentes disciplinas e aos diferentes conteúdos, atividades que são ministradas na escola.

Esse planejamento, em relação aos diversos níveis, passa a ser o instrumento direcional de todo o processo educacional, pois estabelece e determina as grandes urgências, indica as prioridades básicas, ordena e determina todos os recursos e meios necessários para a consecução de grandes finalidades, metas e objetivos da educação.

O planejamento educacional não pode ser confundido ou interpretado como se fosse um planejamento das atividades de ensino ou das atividades didáticas de uma escola. Essa planificação de atividades escolares, no dizer de Osvaldo Ferreira Melo (1969), são técnicas de trabalho, usadas pela escola e pelos professores, não constituindo, propriamente, o planejamento educacional. Contudo, os planos elaborados pela escola e pelos professores não podem ser estruturados sem uma inter-relação com o planejamento educacional. O planejamento escolar não nega o

valor e a necessidade do planejamento educacional, um não limita ou elimina a necessidade do outro.
Para Osvaldo Ferreira de Melo:
> será alienação do especialista (ou do professor) concentrar toda a sua atenção no planejamento escolar, esquecendo-se que esta técnica de previsão do professor ou da escola, para os seus respectivos programas de trabalho, não pode excluir o estudo do planejamento global do fato educativo, dentro do qual serão considerados também a ação docente e as questões de administração escolar (FERREIRA DE MELO, 1969, p. 21).

O planejamento deve atender à problemática em nível nacional, regional, comunitário e escolar. Esse é o seu grande objetivo. Deve agir diretamente sobre a pessoa, a fim de atender às urgências e atingir as grandes metas educacionais. Há a necessidade de um planejamento nacional e de um planejamento regional; e a íntima relação desses dois planos são estruturados dos planos curriculares das escolas que, por sua vez, dão as bases para a elaboração dos planos de ensino.

A escola pode e deve elaborar os seus planos curriculares, partindo da orientação dada pela lei ou pelos sistemas, com a finalidade de atender às características locais e às necessidades da comunidade. A escola deve organizar seu planejamento curricular e de ensino com base na:
> interpretação das diretrizes e orientação emanadas do sistema à luz dos critérios de exequibilidade e adaptação às realidades socioculturais e biopsicossociais; expressar-se por meio da estruturação do processo educativo e das relações entre os elementos responsáveis pelo mesmo, dentro e fora da escola, comunidade e educando (SEC-RS, 1974, p. 12).

Por ser a nível de escola em que o processo educacional age diretamente sobre o indivíduo há a necessidade das escolas elaborarem os seus planejamentos.

Partindo da ideia de que é a escola a agente direta e dinamizadora de toda a ação educativa, ela não pode agir em direção de certos objetivos, sem um plano estruturado e organizado, a partir de princípios básicos, para o desenvolvimento do processo educativo.

V. Os professores e o planejamento

    Parece ser uma evidência que muitos professores não gostem e pouco simpatizem em planejar as suas atividades escolares. O que se observa é uma clara relutância contra a exigência de elaboração de seus planos. Há uma certa descrença e desconfiança manifestas nos olhos, na vontade e disposição dos professores, quando convocados para planejamento.
    Parece haver, entre os professores, uma ideia de que o planejamento é desnecessário e inútil por ser ineficaz e inviável na prática. Isto é, para eles, na ação prática nada acontece do que é planejado. Ele é encarado como algo que existe apenas para satisfazer a burocracia escolar. A ideia geral é de que se faz planejamento porque é exigido e não porque se sente a necessidade de planejar para se desenvolver uma ação mais organizada, dinâmica e científica. Muitos dizem que tal determinação serve apenas para preencher papéis e abarrotar gavetas de planos, que nunca vão ser executados. Outros dizem que servem para a direção ou supervisão da escola demonstrarem serviços.
    A inutilidade e a ineficiência são lamúrias e lamentações comuns dos professores, quando convocados a planejar suas atividades docentes. Para que planejar? Sempre é a mesma coisa. Nada muda. Eu já sei o que devo ensinar. Está tudo no livro. Alegam que a matemática, as regras gramaticais, a geografia e outras não mudam. E assim o planejamento se torna uma monótona e insípida repetição dos anos anteriores. E a descrença no planejamento se torna uma crença geral entre os professores. Se quiserem ver a sádica descrença e a triste insatisfação para as repetidas e infrutíferas reuniões de planejamento. São convocações que despertam nos professores as mais diversas reações,

que vão desde enxaquecas, cólicas, reumatismos, até disenterias, que aparecem quase que espontaneamente por um comando psíquico ao ouvirem a palavra "planejamento".

Certo professor, ao ser convocado para realizar o seu planejamento, dizia: "ao falar em planejamento, sinto todo o tipo de distúrbios. Parece-me que é o mesmo que dizer: o salário vai baixar ou atrasar; que as férias vão terminar; sinto-me uma inutilidade planejada". Outro diz: "hoje os alunos vão perder um dia de aula porque os professores vão ter que planejar para não fazerem nada depois".

A indisposição e o mínimo de crença na importância de planejar é um fenômeno que caracteriza a mentalidade de muitos professores.

Por que os professores não gostam de planejar? São várias as suposições que levam os professores a um certo descaso ou descrédito em relação ao planejamento.

– Na verdade, os professores não planejam, mas, sim, preenchem quadradinhos ou formulários que os *experts* querem que façam.

– Os professores não gostam porque são obrigados a seguirem esquemas ou modelos rígidos de planejamentos, e desse modo são impedidos de realizarem determinadas inovações, não só no planejamento, como também nas suas atividades docentes.

– Às vezes, os "donos" de certos setores da escola não permitem inovações ou mudanças no ensino, por isso, os professores não sentem a necessidade de planejar as suas atividades, se o fazem, é só para cumprir uma obrigação burocrática, justificando a consideração de ser o planejamento desnecessário.

– Por outro lado, muitos professores não sabem planejar as suas atividades, falta-lhes o conhecimento teórico e prático. Pois eles não tiveram uma orientação segura e prática de como planejar e depois atuar com o planejamento na sala de aula; o planejamento só tem validade se servir como instrumento orientador na prática, dentro da sala de aula.

– Muitas vezes, o planejamento é visto apenas como uma cobrança, outras vezes, os que exigem dos professores o planejamento, eles próprios também não sabem planejar. E os professores inseguros notam a insegurança dos que mandam fazer. A pouca e fraca orientação dada aos professores levam-nos a desacreditar no planejamento.

– Os poucos estímulos e incentivos para os professores se aperfeiçoarem nos seus conhecimentos e habilidades de ensinar é mais uma causa que tolhe a iniciativa dos professores quanto ao ato de planejar.

Por tudo isso, o planejamento para os professores se torna um peso e, até mesmo, uma angústia, que os leva a uma descrença total em relação à validade de planejar.

1. O PLANEJAMENTO PARA O ALUNO E PARA O PROFESSOR

Seria desnecessário justificar a importância e a necessidade do planejamento de ensino para a escola, professores e alunos. Mas o que se quer ressaltar é que o primeiro e mais importante objetivo do planejamento das disciplinas, para uma situação de ensino, serve para que os professores e alunos desenvolvam uma ação eficaz de ensino e aprendizagem. Portanto, se o professor planejar o seu ensino é para ele e para seus alunos, em primeiro lugar. E este plano passa a ser um instrumento de uso pessoal entre professores e alunos. E só em segundo lugar o plano poderá servir a outros setores da escola, para cumprir certas obrigações e exigências administrativas ou burocráticas.

Mas o importante é que professores e alunos façam o seu planejamento, a fim de que possam trabalhar eficazmente na sala de aula. Isto porque os atuantes na sala de aula são os professores e os alunos. Portanto, o plano é para os professores e seus alunos. Ora, dessa forma, quem deveria exigir dos professores o planejamento são os alunos.

Para alunos e professores o plano é um roteiro de uso diário na sala de aula; é um guia de trabalho; é um manual de uso constante; enfim, é um roteiro que direciona uma linha de pensamento e ação. Por isso, planejar para depois não trabalhar com o plano, é uma incoerência pedagógica. E isto pode ocorrer quando o plano é algo que serve, simplesmente, para cumprir com a obrigação burocrática, quer por diletantismo pedagógico ou por mera satisfação profissional para honrar o cargo. Portanto, planejar para trabalhar com o seu plano. Pois o que dizer de alguém que faz uma planta para construir uma casa, toda sofisticada, mas que, durante a construção, tal planta não é consultada, nem examinada pelos construtores e trabalhadores? Em vez de uma mansão poder-se-á ter um amontoado de tijolos e pedras fadados ao desmoronamento.

Os setores pedagógicos da escola, não devem determinar uma forma única para planejar todas as disciplinas, como se todas fossem iguais; como se todos os professores e alunos fossem uniformes, agissem da mesma forma, tivessem os mesmos objetivos, interesses e as mesmas habilidades.

Existem muitos tipos, esquemas ou modelos de planejamento, que são ótimos, mas não existe o melhor modelo. Nem todos os modelos são os melhores para todas as situações de ensino. O professor deve escolher o modelo que melhor atenda sua realidade e a dos alunos, isto é, que seja funcional e possível de ser agilizado na sala de aula e que dê bons resultados no ensino.

Os setores pedagógicos podem e devem fornecer propostas e orientações aos professores de como devem planejar, mas o que decide o modelo de plano são os objetivos dos alunos, do professor e as possibilidades de executá-lo numa determinada classe, considerando a sua realidade.

É bom que haja certa uniformidade na ação pedagógica da escola como um todo, mas em nome da uniformidade não se pode prejudicar o aluno e a ação pedagógica do professor na sala de aula. Por isso, nos parece inviável planejar uma mesma disciplina, de uma forma única, para várias turmas de uma mesma série, pois as turmas não são uniformes, homogêneas e idênticas. Se numa mesma turma encontramos grandes diversidades entre os alunos, o que dizer das diferenças entre as várias turmas? Portanto, cada professor faça o seu plano para a sua turma. Um plano para uma situação dificilmente servirá para outra situação, embora haja algumas semelhanças.

Cada turma, sob a orientação do professor, deve planejar a sua disciplina, para que o aluno seja, de fato, um instrumento orientador para o professor e, de modo especial, para si mesmo. Por isso, o plano deve ser muito bem explícito e claro para que os alunos possam se orientar através dele. Surge, com isso, a necessidade de todos os alunos participarem do planejamento e terem em mãos, para manusearem e consultarem, o plano da disciplina; assim, os alunos aprenderão a trabalhar, obedecendo e seguindo um planejamento.

O importante é que o plano sirva para o professor e para os alunos. Que ele seja útil e funcional a quem se destina objetivamente, através de uma ação consciente, responsável e libertadora.

Quem está na escola, para ensinar e para aprender, são os que têm as melhores condições e obrigação de planejar a sua ação docente e discente.

VI. NÍVEIS DE PLANEJAMENTO EDUCACIONAL E DE ENSINO

O processo de planejamento educacional é feito e se desenvolve em vários e bem determinados níveis. Temos o planejamento em nível nacional, estadual ou de um sistema determinado através o qual se definem e estabelecem as grandes finalidades, metas e objetivos da educação, onde deve estar implícita a própria filosofia da educação que a Nação pretende professar. No plano nacional de educação se reflete toda a política educacional de um povo, inserido num contexto histórico, que é desenvolvida a longo, médio ou curto prazo.

Num segundo nível, menos abrangente, temos os planos das escolas, com os seus respectivos cursos, dos quais decorrem os planos curriculares, que definem e expressam a sua filosofia de ação, seus objetivos e toda a dinâmica escolar, os quais fundamentam-se, naturalmente, na filosofia da educação, expressa nos planos nacional e estadual.

A partir dos planos curriculares, é planejada, de maneira sistemática e global, toda a ação escolar. Os planos das escolas vão operacionalizar, através dos seus planos setoriais e de ensino, o plano nacional de educação; por isso, é de suma importância que os professores, ao elaborarem seus planejamentos de ensino, analisem o plano global de educação, para poderem imprimir, nos planos de ensino, a filosofia de educação, adaptada pela própria escola.

Num terceiro nível, surgem, como decorrência dos planos curriculares, os planos de ensino, que são os planos de disciplinas, de unidades e experiências propostas pela escola, professores, alunos ou pela comunidade.

Estes planos de ensino se situam num nível bem mais específico e concreto em relação aos outros. Eles definem e operacionalizam toda a ação escolar, configurada no plano curricular da escola.

Os planos de ensino são os meios para dinamizar a educação e o ensino, numa realidade escolar bem concreta, através do processo de ensino.

Nos planos de ensino são trabalhados os componentes fundamentais do plano curricular. Tais componentes são a filosofia educacional da escola, os objetivos, as disciplinas e os conteúdos. Por sua vez os planos de ensino especificam os objetivos, os conteúdos, os recursos humanos e materiais, os procedimentos e o processo de avaliação. Estes planos de ensino compreendem os planos de disciplinas, unidades, de aula e de outras atividades ou experiências e ensino.

VII. O CURRÍCULO ESCOLAR

O que não é currículo: Antes de definir o que é um currículo, vamos ver o que não é um currículo escolar. O currículo não é mais entendido, simplesmente, como sendo a relação e distribuição das disciplinas, com a sua respectiva carga horária. Não é, também, o número de horas-aula e dos dias letivos.

Ele não se constitui apenas por uma seriação de estudos, que chamamos de base curricular para um determinado curso, ou uma listagem de conhecimentos e conteúdos das diferentes disciplinas para serem ensinados de forma sistemática, na sala de aula.

O currículo não deve ser concebido apenas como uma relação de conteúdos ou conhecimentos delimitados ou isolados, estabelecendo tópicos estanques numa relação "fechada", sem uma integração envolvente e ampla com todas as dimensões do conhecimento.

Currículo não é, simplesmente, um plano padronizado, onde estão relacionados alguns princípios e normas para o funcionamento da escola, como se fosse um manual de instruções para se poder acionar uma máquina.

O currículo escolar não se delimita em relacionar matérias, cargas horárias ou outras normas relativas à vida escolar que um aluno deve cumprir na escola. O currículo não é algo restrito somente ao âmbito da escola ou da sala de aula.

O que é currículo: O termo currículo nos dá a ideia de um caminho percorrido durante uma vida, ou que se vai percorrer. Daí termos a expressão *Curriculum Vitae*.

Desta forma o currículo é algo abrangente, dinâmico e existencial. Ele é entendido numa dimensão profunda e real que envolve todas as situações circunstanciais da vida escolar e social do aluno. Poderíamos dizer que é a escola em ação, isto é, a vida do aluno e de todos os que sobre ele possam ter determinada influência. É o interagir de tudo e de todos que interferem no processo educacional da pessoa do aluno.

O currículo se refere a todas as situações que o aluno vive, dentro e fora da escola. Por isso, o currículo escolar não se limita a questões ou problemas que só se relacionam ao âmbito da escola. Ele não se restringe às paredes da escola e não surge dentro da escola. Nasce fora da escola. Seu primeiro "passo" é dado fora da escola, para poder entrar nela. Esse procedimento se justifica porque o currículo é constituído por todos os atos da vida de uma pessoa: do passado, do presente e tendo, ainda, uma perspectiva de futuro.

O currículo é um currículo da vida de uma pessoa, e a vida do aluno não está enclausurada dentro de uma escola ou de uma sala de aula. A vida do aluno não é somente o resultado daquilo que o professor ensina na sala de aula. Quantos conhecimentos, quantas experiências e vivências são adquirias e assimiladas fora da escola? Todo este cabedal de conhecimentos não escolares adquiridos faz parte integrante do seu *Curriculum Vitae*, por isso, não pode ser desprezado pelo currículo escolar. O currículo escolar não pode estar dissociado do *Curriculum Vitae*.

Poderíamos também dizer que o currículo deve ser a organização da vida que o aluno vive fora e dentro da escola; sendo, com isso, a estruturação e toda a ação desencadeada na escola, para organizar e desenvolver o *Curriculum Vitae* do aluno.

Todas as atividades e experiências realizadas e vivenciadas pelo educando e por todo o pessoal envolvido com o educando devem constituir o currículo escolar. Por isso, podemos dizer que o currículo é a vida do aluno e da escola em ação, dinâmica e constante.

Ward G. Reeder dá ao currículo um sentido bem mais amplo do que ser apenas a relação das disciplinas ensinadas na escola. Ou seja, "currículo são todas as experiências e atividades realizadas e vividas pelos estudantes sob a orientação da escola, tendo em vista os objetivos por este visados" (REEDER, 1974, p. 603).

Podemos deduzir, a partir disso, que o currículo não deve se limitar à estruturação das matérias e ensino, como algo delimitado, devemos ir bem mais além, aproveitando todas as experiências, as atividades, toda a ação do educando, da escola e da sociedade, exercidas sobre o educando, com o fim de alcançar os objetivos educacionais. Tudo o que promover e ativar o processo educativo deve constituir o currículo escolar.

Planejamento curricular é o processo de tomada de decisões sobre a dinâmica da ação escolar. É a previsão sistemática e ordenada de toda a vida escolar do aluno. É instrumento que orienta a educação, como processo dinâmico e integrado de todos os elementos que interagem para a consecução dos objetivos, tanto os do aluno como os da escola. Para que este processo atinja os seus propósitos, é necessário, principalmente, planejar toda a ação escolar, que será estruturada através dos planejamentos curriculares.

O plano curricular é de fundamental importância para a escola e para o aluno. Ele é a expressão viva e real da filosofia da educação seguida pela escola, além disso, ele é a própria filosofia de ação da escola, como um todo unificado. Não se pode nem supor uma escola sem uma filosofia claramente definida, devendo esta estar expressa no currículo da escola. Ele ainda determina os objetivos da própria escola e os dos alunos. Relacionando as disciplinas e os conteúdos essenciais, as atividades e as experiências que vão possibilitar o alcance dos objetivos. Apresenta a metodologia de trabalho e os recursos necessários para desencadear a ação educativa. Estabelece um processo de avaliação para verificar se os propósitos da escola e os dos alunos foram alcançados.

Se todos estes elementos, que são fundamentais, não forem planejados, não se pode esperar bons resultados do processo educacional e de ensino, propostos pela escola, pois toda a ação assistemática ou não planejada é inconsequente quanto aos resultados esperados.

O planejamento curricular, na sua filosofia de ação, pode promover uma reflexão que suscite e desencadeie as condições favoráveis para ativar as forças da comunidade escolar. O planejamento curricular não se reduz somente a um esboço de certos elementos ou atividades que envolvam situações de ensino, mas envolve toda a ação pedagógica da escola na sua mais abrangente dimensão.

Currículo são todos os esforços direcionados para dinamizar a ação educativa, num ambiente educativo. Esses esforços correspondem a todas as tentativas da sociedade, da família, da escola e dos alunos, para desencadear o desenvolvimento total e pleno da pessoa humana. São as disciplinas, os conhecimentos, os conteúdos, as experiências, os fatos sociais, políticos, religiosos, econômicos, as tradições, os valores que, planejados e sistematizados, o grupo social educacional estrutura para promover a educação.

O currículo é o que o educando viveu e vive, percebe e sente durante o seu processo de crescimento. É a força que transforma a realidade escolar em vida escolar. É a experiência de vida que o educando realiza para atingir a sua autorrealização.

O currículo escolar deve conter e manifestar os seus elementos-chaves, com toda exatidão e clareza, pois, se isto não ocorrer, o currículo será fadado ao fracasso total.

O currículo, como um guia para o educador e para o educando, deverá representar o patrimônio social, que é formado por todos os conhecimentos, pelos grandes ideais e aspirações da humanidade, pelas descobertas científicas e tecnológicas, pelas artes e por todas as instituições sociais, enfim, por tudo aquilo que constitui a herança cultural do homem.

A escola, através do seu plano curricular, tem a missão de transmitir às novas gerações todo o patrimônio cultural da humanidade. A escola deve, por meio do currículo, ajudar o educando a refletir sobre os grandes ideais da humanidade, representados pela cultura e pela civilização, e, a partir dessa reflexão, interpretá-los e recriá-los para o viver presente.

O currículo, para ser um verdadeiro guia na transformação da cultura e do saber, para que possa estabelecer uma relação entre a herança cultural e o viver presente e futuro, deverá expressar e definir quais os objetivos a serem alcançados a longo, médio e curto prazo, sempre em relação ao desenvolvimento do indivíduo como pessoa humana.

O currículo deve representar uma sequência de conhecimentos significativos para a vida presente, desenvolvendo habilidades, fornecendo princípios e diretrizes, que possam ser úteis à vida futura do indivíduo. Deve relacionar, de forma gradual, todas as experiências que possam ser desencadeadas e promovidas no ambiente escolar. Deve, ainda, evidenciar todas as oportunidades de integração e correlação dos conhecimentos, para que o educando possa promover a aplicação do aprendido na vida prática.

1. FASES PARA O PLANEJAMENTO CURRICULAR

O primeiro passo a ser dado para elaboração de um planejamento curricular é um amplo e profundo estudo da realidade social, política, econômica e religiosa da comunidade a que se destina o pretendido currículo.

Num segundo momento, se torna necessário o estudo da filosofia que orienta a educação e que estabelece os ideais e os valores humanos.

Num terceiro momento, se faz mister um profundo estudo dos fatores socioculturais que influenciam no comportamento das pessoas, no âmbito da sociedade, e também dos fatores psicológicos que pode interferir no processo educacional.

Há que se destacar um outro elemento, ou seja, a análise das teorias de ensino, que podem favorecer e dinamizar o processo ensino-aprendizagem. É também necessário fazer uma análise profunda das bases legais que orientam e estabelecem as normas para todo o sistema educacional do país.

Após o estudo destes elementos há que se tomar as seguintes decisões, tais como:

1ª) Estudo e análise dos objetivos amplos da educação; definição dos objetivos, a nível de escola; definição dos objetivos das disciplinas e dos seus conteúdos.

2ª) Seleção e organização das disciplinas e conteúdos mais significativos para atingir os objetivos.

3ª) Seleção dos melhores procedimentos e técnicas de ensino que mais facilmente favorecem a consecução dos objetivos.

4ª) Seleção dos recursos materiais e humanos que mais favorecem e auxiliam o professor e o aluno na efetivação do ensino e da aprendizagem.

5ª) Definição e organização de um processo de avaliação, relacionado e adequado aos objetivos propostos no plano curricular.

Todos esses elementos estruturados, tendo como meta o alcance dos objetivos, constituem as partes integrantes de um plano curricular. Devem estar intimamente relacionados entre si. Contudo, sempre numa dependência lógica e hierárquica com os objetivos; por isso, eles são os determinantes dos outros elementos, que formam e estruturam o plano curricular.

Para a elaboração de um planejamento curricular deve-se seguir os seguintes passos, segundo o fluxograma:

FLUXOGRAMA

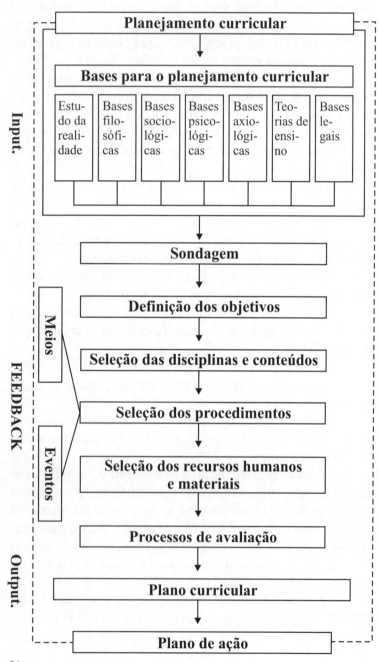

2. RELAÇÃO ENTRE OS ELEMENTOS QUE CONSTITUEM O PLANO CURRICULAR

Os elementos que dão forma e estrutura ao plano curricular precisam estar intimamente relacionados, de tal modo a constituírem um todo unificado. Devemos verificar a interdependência que existe entre eles e os seus princípios integradores, que lhes dão consistência e unidade. "É essencial identificar os princípios de organização, graças aos quais todos esses fios poderão ser entrelaçados num tecido coeso" (TYLER, 1974, p. 89). O relacionamento e a integração dos elementos dão ao plano toda aquela estrutura que assegura a coesão e a unidade nas suas diferentes etapas de elaboração e desenvolvimento. Facilita a unidade, a continuidade, a sequência e a integração de todo o processo de ensino e dos próprios elementos que constituem o plano como agente integrador e dinamizador da ação didática.

Tyler fala de "fios" que não só unem o todo, mas que formam um todo coeso e único; por outro lado, Hilda Taba afirma que: "para um plano é especialmente importante determinar claramente como se relacionam entre si os diversos elementos e os critérios conectados com eles" (TABA, 1974, p. 549).

Portanto, é necessário verificar todas as relações existentes e os princípios e critérios que se relacionam, estabelecendo as diferenças e semelhanças entre os elementos. Tomar uma decisão a respeito dos elementos, sem identificar as relações com os demais, que formam o todo, é uma atitude que poderá afetar todo o plano, porque "cada elemento do plano adquire significado e substância na sua referência com os demais elementos" (TABA, 1974, p. 550). Dessa forma, um elemento é consequência de outro, um princípio está relacionado a outro, de modo que podem ser deduzidos vários elementos, sendo que entre um e outro existem relações de interdependência.

Os elementos que fazem parte integrante do plano são: os resultados da sondagem, os objetivos, os conteúdos, os procedimentos, os recursos e o processo de avaliação, sendo que todos eles devem estar intimamente relacionados com os objetivos.

Hilda Taba apresenta um modelo esquemático para demonstrar as relações entre os elementos (TABA, 1974, p. 551).

Podemos observar que cada um dos elementos está relacionado aos demais; um dependendo do outro. De modo que todas as decisões, tomadas em relação a um dos elementos, dependem, na sua essência, das decisões que se adote em relação aos demais.

Todas as decisões a serem tomadas, durante o processo de ensino, dependem das decisões estabelecias no ato de planejar a disciplina; se isso não ocorrer, surge uma discrepância entre o que foi decidido e o que será executado. Por isso, "um bom projeto descreve todos os elementos, as relações entre eles e seus princípios sustentadores, de tal modo que indique prioridades entre os fatores e os princípios que devem ser considerados" (TABA, 1974, p. 553).

Talvez a tarefa mais complexa seja a de determinar quais são realmente as relações, os critérios e os princípios pelos quais o planejador deve decidir-se. Contudo, a primeira decisão a ser tomada recai sobre os objetivos, pois desta dependem todas as outras. Portanto, os objetivos se constituem na mola propulsora que vai guiar o planejador na tomada de decisões quanto aos conteúdos, procedimentos, recursos e avaliação.

VIII. Planos de curso e planos de disciplinas

Plano de curso é a organização de um conjunto de matérias, que vão ser ensinadas e desenvolvidas em uma escola, durante um período relativo à extensão do curso em si, exigido pela legislação ou por uma determinação explícita, que obedece a certas normas ou princípios orientadores.

Uma série de matérias ensinadas numa escola ou classe, de acordo com um programa, constituem um curso para diferentes níveis de ensino, como, por exemplo, ensino fundamental, médio ou superior. Estas matérias do curso são estruturadas de acordo com um núcleo comum, obrigatório e por uma parte diversificada.

O plano de curso pode ser considerado, ainda, como um conjunto de elementos que constituem a organização estrutural de um determinado evento promocional, em relação à educação, ao ensino, ou à aprendizagem de alguma profissão, atividades, ou o desenvolvimento de habilidades específicas, dentro de um campo geral ou específico. Temos, por exemplo, os cursos específicos de Magistério, de Contabilidade, de Educação para o trabalho, e outros que são relativos ao ensino médio. No ensino superior temos inúmeros cursos, como por exemplo Pedagogia, Direito, Engenharia e outros mais.

Estes cursos de nível médio e superior são constituídos por uma série de matérias, que são ensinadas durante um período de 3 ou 4 anos, com um número mínimo de horas-aula e dias letivos. Existem também outros cursos mais específicos, que são desenvolvidos a médio ou a curto prazo, como os cursos de extensão universitária, com um número determinado de horas e uma série de conferências sobre um assunto determinado. Além desses, temos cursos rápidos de treinamento para determinadas atividades.

Se faz mister considerar que cada tipo de curso apresenta a sua especificidade e as suas características particulares. Aqui, é necessário estabelecer uma distinção entre plano de curso e plano de disciplina.

Os professores não fazem o plano de curso porque ele já existe na escola, é aquele elaborado quando o curso foi implantado. Caso ocorra a implantação de um novo curso na escola os professores podem e devem participar do mesmo. Fora isso, o que os professores devem fazer e fazem, anual, semestral ou bimensalmente, são os planos de duas disciplinas.

O plano de disciplina é uma decorrência lógica do plano de uso e do plano curricular da escola.

O plano de disciplina segue uma metodologia própria e bem diferente do plano de curso. Por sua vez, o plano de disciplina é bem mais específico, sedo relativo a uma disciplina ou parte de conteúdos desta mesma disciplina. Portanto, os planejamentos relativos às disciplinas não são planejamentos de curso, mas de disciplinas.

IX. OS ALUNOS E O PLANEJAMENTO DA DISCIPLINA

A Unesco, em 1968, alertava, na oportunidade, os especialistas em planejamento, para o seguinte:
> [...] estar cada vez mais consciente de que um planejamento educacional realista e eficaz supõe a informação e a consulta ao conjunto da sociedade, e de ele próprio se constituir num instrumento de democracia e educação.

O planejamento não é privilégio de um grupo, pelo contrário, ele deve ser o resultado da ação conjunta e participativa das pessoas que vão se envolver na ação. Ele deve ser o fruto de um ato democrático, em que todos possam partilhar das decisões e responsabilidades.

O *planejamento participativo* é a nova visão que se pretende dar ao processo de planejamento, principalmente, nos setores de educação, da escola e do ensino.

Planejar é um ato participativo e comunitário, e não simplesmente uma ação individualista ou de um grupo fechado no seu restrito mundo existencial ou profissional. O planejar individualista é um ato condicionante do pensar, do prever, do decidir e do fazer; ele é delimitador, e reduz o campo de ideias, diminuindo a possibilidade de evolução e transformação da realidade. Ele será o resultado de uma visão limitada, que pode se opor e contrariar ideias mais abrangentes e significativas.

O planejamento individualista ou fechado se torna um instrumento de coação e imposição, pois toma decisões para um universo de pessoas, sem que estas estejam seriamente envolvidas na tomada de decisões. Ele desrespeita as individualidades, as diversidades, as tendências e as características dos grupos, porque propõe um agir exclusivista, a partir de uma única visão.

Planejar sem a participação direta dos que vão sofrer a ação do plano só acontece quando estes são seres inanimados ou passivos e sem capacidade própria para tomar decisões.

No caso da escola, que se "aprimorou" em planejamentos, em fazer e exigir planejamentos, parece-nos que tem sido a que menos se ocupa com o planejamento participativo ou comunitário.

Um planejamento que, dessa forma, seja executado para o aluno, torna o aluno um sujeito que somente sofre a ação, não participando, por isso, de todo o processo dinâmico do plano. Dado que o aluno é um ser fundamental da ação, necessariamente, deveria participar da preparação da ação, e não ser excluído do ato de planejar.

Os atos de planejar e executar devem ser ações conjugadas e não separadas e exclusivas. Os que vão ser os sujeitos para os quais se dirige a ação do plano devem participar do planejamento, expressando as suas ideias, os seus problemas, os seus interesses, as suas necessidades, os seus objetivos e as suas possibilidades, para agilizarem, com maior eficiência, a ação transformadora.

Sabemos que o ato de planejar não é um ato de ditadura, mas algo democrático e participativo; não é imposição, mas discussão e abertura, onde todos os envolvidos no processo ensino-aprendizagem agem e interagem, durante todo o processo. Portanto, esta interação deve se dar também no processo do planejar.

Planejar a educação ou o ensino para as pessoas não é decidir a vida para as pessoas, mas é, juntamente com elas descobrir uma melhor forma de vida para elas.

O planejamento participativo surge das necessidades de um grupo, devido às suas urgências, dos seus problemas e dos seus objetivos. Uma vez percebidas e analisadas as urgências e as necessidades, devem partir para o pensar coletivo. O que se deve fazer, então? É a primeira questão. A partir da situação deve ser pensado um processo para tentar modificar a realidade. Feito isto, o próprio grupo passa a ter condições de criar o seu processo de ação. E da participação grupal vão surgindo as ideias e a organização até chegarem à execução prática.

Assim, o grupo se torna o dono do grupo e não o planejamento o dono do grupo, pois é o grupo que deve pensar e decidir sobre o planejamento e a sua execução.

O planejamento, num primeiro momento, deveria ser pensado pelo professor com seus alunos e, num segundo momento, deveria ser discutido e analisado por todos os professores e setores pedagógicos da escola. E, por fim, replanejado pelo professor com seus alunos, que são os que vão tomar as decisões finais sobre o plano.

X. O PLANO DE DISCIPLINA

Plano de disciplina é um instrumento para sistematizar a ação concreta do professor, a fim de que os objetivos das disciplinas sejam atingidos. É a previsão dos conhecimentos e conteúdos que serão desenvolvidos na sala de aula, a definição dos objetivos mais importantes, assim como a seleção dos melhores procedimentos e técnicas de ensino, como também, dos recursos humanos e materiais que serão usados para um melhor ensino e aprendizagem. Além disso, o plano de disciplina propõe a determinação das mais eficazes técnicas e instrumentos de avaliação para verificar o alcance dos objetivos em relação à aprendizagem.

A partir da filosofia educacional da escola, dos objetivos específicos do curso, e dos objetivos da clientela, os professores vão planejar as suas disciplinas para atender estes aspectos fundamentais favorecendo, deste modo, um melhor e mais eficaz ensino.

Ao planejar a disciplina, o que o professor realmente faz é planejar o contexto geral da sua disciplina. Mas este contexto deve estar intimamente relacionado a ser uma decorrência lógica dos objetivos dos alunos e da escola. Por isso, deverá expressar uma unidade de ideias, de princípios e de ação.

Ao planejar a disciplina e os seus conteúdos, o professor sempre deve ter em mente que os conteúdos são meios para atingir os objetivos, pois eles não são fins. Portanto, a orientação da ação de planejamento e execução deve estar fundamentada nos objetivos e não nos conteúdos.

1. A IMPORTÂNCIA DO PLANO DE DISCIPLINA PARA O PROFESSOR

Como observamos, anteriormente, toda a pessoa pensa o seu agir, isto é, ela tenta planejar a sua vida e as suas atividades particulares e coletivas. Todos pensam no que devem ou no que não devem fazer. Esta realidade não é apenas um hábito, mas uma necessidade, não se restringindo apenas a alguns aspectos da vida da pessoa, mas a todos os setores da vida pessoal e social.

Tudo é sonhado, imaginado, pensado, previsto e planejado para ser executado. De modo especial, as atividades educacionais e de ensino exercidas pelos professores, na sala de aula, exigem pedagogicamente um planejamento.

Sabemos que para os mais diversos setores da vida humana existem os mais diversos tipo e formas de planejamentos. Devemos considerar que o planejamento do ato de educar e ensinar não é o mesmo, podendo divergir, dados os elementos envolvidos no ato de planejar, como por exemplo a construção de uma casa. Ao planejá-la se pensa em pedra, tijolos, areia, espaço, possibilidades materiais e outras coisas possíveis de serem manipuladas. Mas, ao se planejar a educação e o ensino, se deve pensar que os elementos envolvidos vão ser pessoas, indivíduos ou grupos sociais; por isso, a visão do planejamento deve ser diferente. A partir dessa realidade, o professor necessita pensar seriamente e com responsabilidade sobre a sua ação, isto é, planejar com seriedade e consciência a sua ação.

Pensar antes de agir é um ato de habilidade e de sabedoria. Pois é de muita importância para o professor planejar, da melhor forma possível, a sua disciplina, em todos os aspectos.

O planejamento é importante para o professor porque:

– ajuda o professor a definir os objetivos que atendam os reais interesses dos alunos;

– possibilita ao professor selecionar e organizar os conteúdos mais significativos para seus alunos;
– facilita a organização dos conteúdos de forma lógica, obedecendo a estrutura da disciplina;
– ajuda o professor a selecionar os melhores procedimentos e os recursos, para desencadear um ensino mais eficiente, orientando o professor no como e com que deve agir;
– ajuda o professor a agir com maior segurança na sala de aula;
– o professor evita a improvisação, a repetição e a rotina no ensino;
– facilita uma melhor integração com as mais diversas experiências de aprendizagem;
– facilita a integração e a continuidade do ensino;
– ajuda a ter uma visão global de toda a ação docente e discente;
– ajuda o professor e os alunos a tomarem decisões de forma cooperativa e participativa.

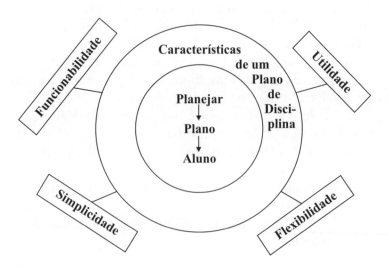

2. Características de um plano de disciplina

2.1. Objetividade e realismo

A objetividade é que deve caracterizar todo e qualquer plano. Um plano que não seja objetivo e realista se torna inviável, inexequível e obscuro, portanto, impraticável, sem validade e aplicabilidade.

Objetivo para uma realidade. Ser objetivo é ser realista para uma situação concreta e determinada, é um dado que todo e qualquer plano deve seguir para uma realidade concreta. Tal plano deve expressar com objetividade o que quer atingir, a partir de uma realidade também objetiva e concreta dos alunos, dos professores, da escola e da comunidade. Por exemplo, se a escola atende a uma comunidade periférica, o plano deve ser adequado a esta realidade. Se ele não atender a esta realidade, não é um plano objetivo e realista. Nem sempre, um mesmo plano serve para qualquer situação ou realidade.

A clareza deve ser um elemento essencial nos próprios objetivos, na determinação exata dos conteúdos mais importantes e nos modos operacionais. Ela deve se refletir na determinação das técnicas, na determinação objetiva dos recursos e na definição clara e objetiva do processo de avaliação.

2.2. Funcionalidade

Como o plano é um instrumento orientador para o professor e para os alunos, ele deve ser o mais possível funcional, para que possa ser executado com facilidade e objetividade.

Todo plano de ensino, estruturado de forma complexa, até pode ser funcional para o professor, mas deficiente para os alunos. Sendo que os alunos são os principais agentes do plano, este deve ser prático. Se o plano não for funcional para o professor e para os alunos, ele não tem valor didático, tornando-se inútil, podendo dificultar o ensino do professor e a aprendizagem dos alunos. Se o plano é um guia, ele deve ser um guia claro, objetivo e viável para o professor e para os alunos. A fim de que possa ser trabalhado numa realidade e com as condições próprias da mesma, tal como as condições da escola, do professor e, principalmente, as condições humanas dos alunos. Se o plano não atender às condições existentes ele se torna impraticável e inoperante, porque os seus agentes tornam-se incapazes de trabalhá-lo.

2.3. Simplicidade

O plano de ensino, que orienta toda a linha de ação na sala de aula, envolve uma série de elementos, como o professor, os alunos, os conteúdos, as experiências, as atividades, os recursos, o processo de avaliação e assim por diante; por isso, necessariamente, deverá ser claro e simples para ser compreensível e viável, pois sua compreensão facilita a sua execução.

É importante, no momento de planejar, tentar evitar toda e qualquer tendência de complexidade ou rebuscamento pedagógico. Porque o plano é um meio para simplificar o agir, tornando-o mais lógico e coerente. Ao se planejar o ensino, devemos nos abster de certos requintes e modismos didáticos, evitando o uso de terminologias complexas e sofisticadas, que só servem para encantar o falso intelectualismo pedagógico de certos professores.

Ao planejarmos, devemos partir da nossa realidade escolar, dos nossos professores e dos nossos alunos, usando estilos, esquemas e formas simples; evitando-se todos os enfeites e vedetismos, que envolvam processos sistêmicos, às vezes desprovidos de qualquer conteúdo.

Neste enfoque, a simplicidade no ato de planejar e executar o plano não está ligada à vulgaridade, ou seja, que tal ato seja simplista, ingênuo e sem conteúdo. A simplicidade não nega a profundidade, a lógica, a coerência, a objetividade, a validade e a utilidade. É bem possível tratar de problemas profundos e sérios de forma objetiva e simples.

O plano pode ser claro e simples na sua estrutura, na sua organização, na sua dinamicidade e funcionalidade, mas profundo no seu conteúdo.

2.4. Flexibilidade

A flexibilidade é uma característica de fundamental importância para os planos de ensino, tornando-os mais realistas e possíveis de serem adaptados às novas situações não previstas, que possam ocorrer.

Todo o plano, que não obedecer ao princípio da flexibilidade, isto é, que não possa ser mudado ou reestruturado, quando necessário, está fadado ao fracasso, podendo se tornar um meio de dominação.

Planejar não significa tornar o agir irredutível e imutável. Planejar é prever, e toda a previsão e prospectiva estão sujeitas a erros e imprevistos, daí a importância da flexibilidade para se poder realizar mudanças.

Um plano não deve ser rígido, estar acabado e pronto; pois previsão é previsão e não uma determinação que exclua mudanças. Havendo a necessidade de reestruturar um plano, embora esteja sendo agilizado, não só é possível fazê-lo como deve ser feita a mudança.

Toda a vez que se evidenciam possíveis fracassos no ensino, os professores devem ter a coragem de provocar e realizar mudanças radicais, quando a causa do fracasso residir no plano que está sendo executado. Principalmente se a ação do plano recair sobre pessoas ou grupos sociais, pois as pessoas não podem ser manuseadas como objetos para satisfazerem os planos, é o caso dos professores e dos seus alunos. As pessoas são, de fato, pontos de referência para a elaboração de um plano. Ou seja, o plano deve ser elaborado em função das pessoas, e não o contrário. Com esse procedimento, não há lei ou norma administrativa ou pedagógica que impeça mudanças.

Por exemplo, se para uma determinada série estivesse programado um conteúdo X, já previsto no plano curricular, para ser desenvolvido; mas caso fosse observado, neste meio tempo, a partir de uma sondagem ou por meio de outras constatações, que os alunos ainda não estivessem dominando certos conteúdos que deveriam ter aprendido em séries anteriores, o professor deveria, então, mudar o seu plano para retornar os conteúdos de uma ou de séries anteriores, e ensiná-los aos alunos.

O professor não pode dizer que o conteúdo é tal, porque assim foi planejado, pelo ato de que a determinação do planejamento dos conteúdos reside na realidade dos alunos.

2.5. Utilidade

A utilidade, a validade e a profundidade são princípios que dão consistência a toda estrutura do plano, no que diz respeito ao seu conteúdo e à sua dinâmica.

O plano, no seu contexto geral, poderá, de fato, ajudar, ser útil e significativo a todos os que nele vão se envolver? Este é um questionamento que os professores devem fazer.

A utilidade de qualquer plano de ensino vai depender da possibilidade de transformação e em que nível se processa esta transformação no aluno. Toda a mudança que não seja significativa e profunda, ela passa a ser destituída de qualquer significado.

Um plano para ser útil e significativo, antes de tudo, deve ser constituído de uma seriedade pedagógica, que atenda as reais urgências e necessidades dos alunos.

Antes de agilizar o plano, os professores devem se perguntar: são os objetivos propostos e definidos significativos e portadores de sentido? Apresentam consistência de valores humanos? Apresentam princípios norteadores que sejam úteis para a pessoa? Expressam ideais, ideias e princípios válidos para o ser humano, em todas as suas dimensões? São os conteúdos relacionados e estruturados, no plano de ensino, conteúdos com conteúdos significativos? Ou serão meras linguagens, sem sequência, estrutura e utilidade? Para serem úteis os conteúdos necessitam de organização e integração de conceitos, conhecimentos e experiências em relação aos objetivos e interesses dos alunos.

Se faz mister uma análise profunda destes elementos e das suas inter-relações, para que de fato possam facilitar a aprendizagem do aluno e a ação do professor. Tais elementos devem estimular e desencadear novas e profundas aprendizagens.

Além das outras características, a utilidade requer um questionamento sério e profundo. Enfim, o que foi planejado só será válido se for algo importante e útil para o aluno, que tenta buscar, na escola, a sua formação integral como pessoa humana.

XI. ETAPAS PARA A ELABORAÇÃO DE UM PLANEJAMENTO DE DISCIPLINA

Sendo que o planejamento é um processo evolutivo, que se desenvolve numa sequência dinâmica e progressiva, torna-se importante estudar e analisar cada uma das etapas do planejamento, na sua ordem lógica para podermos entender a sua estrutura e organização funcional.

Ao se planejar uma disciplina para uma determinada turma ou classe, temos que obedecer a seguinte ordem ou estratégia para um melhor entendimento da sua sequência e das suas etapas; quais sejam:

– conhecimento e análise da realidade do aluno, do professor, da escola e da comunidade;

– definição dos objetivos dos alunos e dos professores em relação à disciplina;

– delimitação dos conteúdos mais significativos para atingir os objetivos;

– escolha dos melhores procedimentos e técnicas de ensino;

– seleção dos possíveis e melhores recursos humanos e materiais;

– estabelecimento dos melhores processos de avaliação, assim como as melhores técnicas e instrumentos.

FLUXOGRAMA

1. Sondagem: alunos, professores, escola e comunidade

Sondagem é um processo que proporciona a possibilidade de pensar sobre a realidade manifesta e a obscura, nos seus mais diversos aspectos, que possam interferir numa futura ação. Sondar é tentar conhecer a fundo uma situação concreta e real sobre a qual se pretende atuar. É investigar ou pesquisar a realidade, para poder, a partir da sua situação, pensar e preparar uma ação consciente, realista, organizada e apropriada para aquela situação determinada.

Havendo uma situação a ser modificada ou transformada, este procedimento requer um estudo sério e profundo sobre: a situação real; o que se poderá fazer para tal; como se poderá agir; que meios serão necessários para a ação; quando e como se deverá agir.

Para o professor que pretenda desenvolver o ensino de uma disciplina, para uma determinada classe de alunos, é de suma importância realizar uma sondagem. Agindo assim, ele tem condições de realizar um diagnóstico de todos os fatores que interfiram, positiva ou negativamente, sobre o comportamento dos seus alunos.

O professor deve conhecer os seus alunos e os alunos devem conhecer o seu professor. Professor e alunos devem se conhecer de forma clara e profunda. Para que tal conhecimento ocorra, de fato, antes de planejar a disciplina, o professor necessita conhecer alguns aspectos sobre seus alunos, tais como:

– seus objetivos, interesses, motivos, gostos pessoais;
– suas habilidades individuais, expectativas e tendências;
– suas necessidades e possibilidades humanas e materiais;
– as capacidades individuais e grupais;
– o domínio de determinados conteúdos ou conhecimentos;

– suas carências sociais, culturais e de conhecimentos;
– seus hábitos de estudo;
– as influências que sofrem fora da escola;
– as carências humanas, na família, na escola e na sociedade;
– o comportamento individual e social;
– a herança cultural, social e familiar;
– a vivência social.

A sondagem oferece os dados para que possamos planejar de forma real e objetiva, isto é, planejar a partir do aluno e para o aluno, tendo em vista o que ele espera ser e o que ele poderá ser.

Ao planejarmos uma disciplina para uma determinada classe, não podemos ter como base, exclusivamente, a disciplina como tal. Pois o foco de referência principal para o planejamento é o aluno, sobre o qual o ensino da disciplina vai exercer influências significativas ou negativas.

O planejamento dos conteúdos de uma disciplina deve estar centrado numa decorrência clara e evidente dos dados obtidos através da sondagem. O planejamento para uma realidade concreta tem que partir da coleta de dados objetivos e reais.

Para que a sondagem possa ser fiel e verídica nos seus resultados é importante que seja muito bem pensada e estruturada, a fim de se obter os dados mais significativos e relevantes que reflitam a situação real dos alunos.

Ao se realizar a sondagem, numa classe de alunos, a respeito de uma determinada disciplina, se torna importante organizar e aplicar uma série de testes, trabalhos e atividades diferentes e diversificados, com o objetivo de se coletar os mais diversos dados em relação aos alunos. Não basta aplicar um testezinho com algumas perguntinhas, pois são necessários vários e diversificados testes e atividades para que seja constatada a situação dos alunos, da escola e do professor com maior fidedignidade. Procedendo desse modo, a sondagem se torna mais significativa.

A sondagem será necessária, principalmente, se o professor ou a escola não tiverem dados concretos sobre os alunos, de modo especial, se estes lhe são desconhecidos.

Obtidos os dados, e feita a análise e interpretação dos mesmos, é que podem ser estabelecidos os parâmetros que orientarão o planejamento da disciplina. Por tudo isso, o planejamento da disciplina só pode ser realizado após a sondagem, proporcionando a determinação de um verdadeiro diagnóstico que permita ao professor e aos alunos projetarem o seu trabalho sobre a disciplina.

2. Definição dos objetivos

Conhecida e analisada a realidade dos alunos, dos professores e da escola, o momento mais importante passa a ser a definição e a delimitação dos objetivos dos alunos e dos professores, em relação à disciplina e aos conteúdos, que vão ser ensinados e estudados.

Os dados coletados, através da sondagem, vão servir de parâmetros orientadores para a seleção e determinação dos melhores objetivos. Portanto, os objetivos fundamentais dos conteúdos surgirão da realidade, das necessidades e dos interesses dos alunos. Não são os conteúdos os determinantes dos objetivos, mas os objetivos dos alunos que determinam os conteúdos. Os conteúdos são meios e não fins.

A definição e a delimitação dos objetivos constituem o momento mais importante e crucial do ato de planejar. É o momento em que se vai estabelecer concreta e objetivamente o que se quer alcançar, onde se quer chegar e com que meios se pretende agir.

Os objetivos se tornarão os determinantes de toda a estrutura e desenvolvimento do ato de planejar e executar o plano na sala de aula. Todas as decisões a serem tomadas no planejamento e na própria dinâmica da agilização do plano devem se fundamentar nos objetivos, pois estes são a força e a alma do plano. Além disso, os objetivos são os indicadores e contêm os critérios para a seleção dos outros elementos que constituem o plano, tais como: conteúdos, procedimentos, recursos e o processo de avaliação.

O processo de planejamento exige, portanto, a descrição dos objetivos e, após essa descrição, a estruturação das etapas seguintes que devem estar em consonância direta com os objetivos definidos. Não definido exatamente os objetivos, é impossível estruturar os demais elementos do plano, ou mesmo desenvolver um processo de ensino de maneira eficiente. "Quando não existem metas claras e definidas, é impossível analisar conscientemente um curso ou programa, sem se ter uma base sólida para selecionar as ajudas didáticas, o conteúdo e os métodos apropriados" (MAGER, 1973, p. 3).

Os objetivos indicam as linhas, os caminhos e os meios para toda a ação. Sem direção, o fim será incerto e duvidoso. Portanto, a partir do conhecimento da realidade escolar e da realidade da clientela, o primeiro passo a ser dado no processo de planejamento é definir os objetivos gerais e específicos das disciplinas. E somente a partir desta etapa é que se pode passar para a seguinte, depois de já se ter delimitado e definido o que se pretende alcançar no final de um processo.

2.1. Características para uma boa definição dos objetivos

O que é um objetivo? O objetivo é um propósito ou alvo que se pretende atingir. O objetivo é tudo aquilo que se quer alcançar através de uma ação clara e explícita.

O que é ser objetivo? É ser claro, simples, visível, expresso, evidente, manifesto. Em outras palavras, ser objetivo é ser objetivo e nada mais. Não temos outras definições mais sofisticadas que ser objetivo. A objetividade nega e refuta toda e qualquer ideia de complexidade. Ser objetivo é expressar a evidência que se manifesta por si mesma, seria quase que tentar explicar o óbvio. A objetividade é a manifestação da realidade concreta, de forma clara e evidente. Além disso, ela é a determinação exata e precisa do que se quer atingir. Logo, para ser objetivo, não se pode jamais tornar as coisas complexas, difíceis e rebuscadas.

Uma boa definição dos objetivos para uma disciplina ou conteúdos deve apresentar algumas características: clareza, simplicidade, validade, operacionalidade e poder ser avaliado.

– *Clareza*: Todo o objetivo deve descrever e comunicar claramente o que se quer alcançar, se isso não ocorrer, ele não pode ser considerado um bom objetivo. Clareza na sua expressão, na sua comunicação, na sua elaboração e construção; clareza nas suas ideias e intenções, senão deixa de ser objetivo. Um objetivo quando é claro, na sua comunicação, não permite alternativas e interpretações vagas, tornando-se inteligível e compreensível a todos. Ele se torna claro, na comunicação, se expressar exatamente o que se quer dizer, por isso se faz necessário usar uma linguagem que transmita, de forma concreta e objetiva, o que se quer alcançar. Por vezes, certas construções literárias tornam o objetivo complexo e obscuro na comunicação das intenções, porque são usadas termos, palavras ou expressões com conteúdo inadequado, não exprimindo objetivamente o que foi pretendido. O objetivo, que descreve com clareza o desempenho ou comportamento desejado da parte do professor e do aluno, passa a ser um bom objetivo.

A clareza é uma característica fundamental e necessária para que o objetivo se torne algo concreto, inteligível e possível de ser trabalhado e avaliado.

– *Simplicidade*: Nestas circunstâncias, simplicidade não tem o caráter ou o sentido de vulgaridade e de ideias banais e sem sentido. A simplicidade, na definição dos objetivos é uma exigência da própria realidade concreta dos alunos, dos professores e das escolas. Pouco resolve, em determinadas situações de ensino, apresentar longas e complexas listagens de objetivos que, pela sua própria natureza, não possam ser trabalhados pelos alunos e professores.

Um objetivo, significativo e importante no seu conteúdo, pode ser expresso de forma simples e clara, o que não impede que ele transmita as mais profundas ideias e os mais importantes valores.

Ao se definir os objetivos de ensino se faz necessário algumas perguntas. Serão estes objetivos adequados à realidade dos alunos? Será possível trabalhá-los junto aos alunos? Por isso, todos os objetivos complexos e amplos devem ser especificados e operacionalizados, isto é, tornados mais claros e concretos para se poder verificar a possibilidade de realizá-los.

– *Validade*: Podemos dizer que um objetivo será válido e útil quando, de forma explícita e clara, manifestar consistência e profundidade no seu contexto e conteúdo, isto é, que seu conteúdo seja portador de profundos e reais valores.

A validade de um objetivo de ensino depende das necessidades e urgências, dos interesses e possibilidades das pessoas, isto porque o objetivo é decorrência e consequência da realidade existencial do aluno.

Os objetivos sem conteúdos são de pouca ou nenhuma validade e utilidade, só servindo de enfeites ou atrativos literários para ornamentar os planos de ensino. Belos objetivos, sem validade e utilidade, são apenas disfarces pedagógicos.

Ao definir os objetivos, os professores devem se perguntar se esses objetivos são significativos e úteis para os alunos. Pois a validade dos objetivos depende das necessidades, interesses e capacidades dos alunos. Se isto não ocorrer eles serão insignificantes e inúteis.

– *Operacionalidade*: O objetivo é algo que se quer alcançar através de um agir possível, concreto e viável. Tudo o que pode ser feito, trabalhado, agilizado ou operacionalizado demonstra ser um bom objetivo. O que é inviável, inexecutável e impraticável não é um bom objetivo.

Qualquer objetivo de ensino exige algumas perguntas muito sérias, tais como: O objetivo pode ser trabalhado ou operacionalizado através de uma ação concreta que demonstre resultados observáveis? Como, onde e com que meios poderá ser agilizado tal objetivo? Terão os professores e alunos condições humanas e materiais para trabalhar tais objetivos?

Sabemos que todo e qualquer objetivo que não puder ser operacionalizado é algo sem valor, e inútil será a sua definição.

– *Observável*: Toda a ação, em qualquer nível ou setor, exige, por consequência, um resultado concreto e observável. Sempre que a pessoa faz alguma coisa, no final da ação quer ver os resultados da sua ação. Não seria sensato agir sem ter a possibilidade de se prever e obter resultados naquilo que se quer atingir. Estes resultados podem ser verificados e observados a longo, médio ou curto prazo, contudo, se faz necessário ter condições para verificar os resultados.

No ensino se processa toda uma ação para promover mudanças na aquisição de conhecimentos, novas atitudes, comportamentos e habilidades. Sendo assim, a ação requer a possibilidade de constatar se houve mudanças, e em que grau e nível se processaram. Logo, um dos requisitos importantes de um objetivo é que ele possa ser observado ou avaliado para que se possa comprovar o alcance das intenções. Não se antevendo resultados concretos e reais, a ação passa a ser uma aventura que, às vezes, pode ser inconsequente.

O ato de ensinar, muitas vezes, pode se tornar uma aventura, por isso, sempre é necessário pensar nas necessidades e meios de verificar os resultados. Portanto, ao definirmos um objetivo, devemos perguntar se esse objetivo pode ser observado e avaliado. Se temos condições e meios de saber até que ponto ele será atingido. Isto porque após a ação se faz necessária a verificação os resultados ou dos fracassos.

O objetivo que não pode ser observado e avaliado, em termos de resultados, não é um bom objetivo.

2.2. Níveis dos objetivos de ensino

Os objetivos de ensino na sala de aula são definidos pelos professores, em três níveis, que obedecem a uma certa ordem de especificidade lógica, partindo do geral até o nível da operacionalidade, que se processa concretamente na sala de aula através da ação.

Uma plataforma de objetivos educacionais ou de ensino deve ser constituída por uma série gradual de níveis. Dessa forma os grandes fins da educação, até os objetivos mais específicos e operacionais na sala de aula, vão, assim, aumentando a sua especificidade e operacionalidade. Essa especificidade processa-se em nível de escola. Segundo Nélio Parra (1972, p. 7), podemos constatar a seguinte graduação de níveis dos objetivos:

1º) Os objetivos gerais de um curso, por exemplo, os objetivos do ensino fundamental e médio estabelecidos pela Lei n. 9.394.

2º) Os objetivos gerais dos diversos anos definem sínteses comportamentais que os alunos devem apresentar ao final do ano letivo.

3º) Os objetivos gerais das atividades, áreas de estudo e disciplinas no ano.

4º) Os objetivos específicos de uma unidade, de um projeto representam a etapa de maior concretização, daí sua precisão em termos de verbos de ação, ou comportamentos observáveis, ou comportamentais observáveis.

Os objetivos gerais da lei devem ser especificados e delimitados pela escola através do seu planejamento curricular. Essa especificação dependerá, em primeiro lugar, da identificação e do estudo dos fatores que interferem na elaboração do currículo a partir dos documentos legais.

Os objetivos devem estar intimamente relacionados e logicamente graduados entre si, dos mais amplos aos mais específicos. A estruturação dos objetivos obedece a uma graduação em níveis diferentes de generalização. Portanto, os primeiros devem ser definidos de maneira ampla para que possam englobar os segundos, e estes, por sua vez, devem conter os terceiros, que serão operacionais em relação aos conteúdos das disciplinas, das atividades e experiências de aprendizagem. Teremos, então, objetivos amplos da educação, objetivos da escola, das disciplinas e dos conteúdos.

Em relação aos objetivos de ensino, das disciplinas e dos conteúdos deve ser obedecida a seguinte graduação de níveis:

1º) Objetivos gerais;
2º) Objetivos específicos;
3º) Objetivos operacionais.

Sendo o objetivo uma intenção que se quer alcançar, requer uma ação definida e um prazo determinado para que esta ação possa ser executada. Contudo, quando se trata de educação, ensino e aprendizagem, se torna difícil determinar prazos exatos e definitivos. Neste sentido, se faz necessário uma certa flexibilidade quanto ao estabelecimento de prazos; porém, é importante estabelecer uma certa previsão para a concretização dos objetivos.

Os objetivos de ensino podem ser trabalhados e atingidos a longo, médio e curto prazo. Poder-se-ia dizer que os objetivos gerais são alcançados a longo prazo, os específicos a médio e os operacionais a curto prazo.

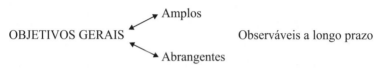

O termo geral nos dá uma ideia de amplitude e abrangência. É algo comum à maior parte de um todo. Podemos dizer que são ideias vagas e gerais que convêm a todos ou a muitos indivíduos de uma escola ou classe. Um objetivo geral é algo vago e genérico no seu conteúdo, na sua comunicação e expressão, por isso, devem ser melhor explicitados em termos mais concretos.

O termo específico expressa uma ideia particular, que estabelece e indica objetivamente as características e particularidades de algo. Especificar de forma explícita, detalhada e clara uma ideia, um conteúdo ou uma intenção.

Todo o objetivo amplo e vago deve ser especificado para melhor ser entendido. Especificar um objetivo geral é traduzi-lo em objetivos mais concretos e bem explícitos para que possam ser observados e avaliados com maior segurança.

2.3. Objetivos operacionais

O objetivo operacional é aquele que pode ser executado e atingido através de uma ação concreta e objetiva. O objetivo operacional é uma decorrência do objetivo específico. Portanto, definir um objetivo operacional é tornar o específico mais concreto e detalhado para ser melhor trabalhado e avaliado. Ele estabelece, claramente, o comportamento a ser atingido, os critérios quantificados e as condições para alcançá-lo.

Os objetivos operacionais são os que vão ser trabalhados concretamente, na sala de aula, através de atividades e experiências bem determinadas e específicas.

Objetivos operacionais são os objetivos observáveis a curto prazo, podendo ser avaliados logo após a execução da atividade. Além disso, eles delimitam o conteúdo e expressam, em termos bem reais e objetivos, o comportamento desejado.

Qualquer plataforma ou listagem de objetivos educacionais ou de ensino necessita ser traduzida em níveis de especificação, isto é, um objetivo geral será traduzido em objetivos específicos e estes em objetivos operacionais.

Quando se traduz um objetivo geral em específicos, não podemos determinar exatamente o número de objetivos específicos ou operacionais, mas devemos traduzi-lo em tantos quantos forem necessários para esgotar o conteúdo ou a ideia nele contida.

Os objetivos específicos e operacionais representam o desmembramento dos objetivos gerais, sem, contudo, destruir a ideia do todo inserida no objetivo geral.

Os objetivos, nos mais diversos níveis, sempre devem apresentar um comportamento ou desempenho desejado e um conteúdo ou uma ideia. O comportamento tem sempre que ser expresso por um verbo que indique claramente a ação a ser desempenhada pelo aluno. Mas os objetivos operacionais, além do comportamento e do conteúdo, apresentam também critérios e condições.

Os critérios estabelecem quantitativa ou qualitativamente o que o aluno poderá atingir, isto é, quantifica ou qualifica o desempenho desejado.

As condições indicam quais os materiais, meios, maneiras, recursos ou situações que o aluno usará para demonstrar o alcance dos objetivos.

Exemplos de objetivos
Objetivo geral da disciplina de Língua Portuguesa:
1. Oportunizar ao aluno o desenvolvimento da comunidade oral e escrita da Língua Portuguesa. (Deste objetivo serão deduzidos os objetivos específicos, a fim de torná-lo menos vago e mais concreto.)
Objetivos específicos
1.1. Identificar as regras da pontuação.
1.2. Definir os diferentes substantivos.
1.3. Conjugar o verbo cantar em todos os modos e tempos.
1.4. Citar as regras básicas da acentuação.
1.5. Identificar as classes gramaticais.

Estes objetivos específicos deverão ser traduzidos e definidos operacionalmente, a fim de que indiquem exatamente o que o aluno deve dizer ou fazer de forma bem expressa e clara.

Objetivos operacionais

O objetivo operacional, além do comportamento e do conteúdo, deve apresentar claramente o critério e a condição. Os exemplos que seguem apresentam os elementos necessários para um objetivo operacional.

1.1.1. Escrever três regras de pontuação, após a explicação do professor.
1.1.2. Elaborar duas frases, aplicando a regra do uso da vírgula, consultando a gramática.
1.1.3. Citar cinco exemplos de substantivos abstratos, após a leitura de um texto.
   – Identificar cinco substantivos comuns, após a leitura de um texto.
1.1.4. No período de cinco minutos, escrever o presente do indicativo do verbo cantar.

– Escrever duas frases, empregando o verbo cantar, após a explicação do professor.
1.1.5. Citar as regras básicas da acentuação, após o estudo em grupo.
– Identificar cinco palavras acentuadas com suas respectivas regras, consultando a gramática.

3. SELEÇÃO DOS CONTEÚDOS DA DISCIPLINA

Definidos os objetivos da disciplina, a etapa seguinte será a seleção dos melhores conteúdos, para atingir os objetivos, porque os conteúdos são meios e não fins.

O plano de disciplina deve expressar, em termos gerais, os conteúdos básicos a serem trabalhados na sala de aula. Porém, estes conteúdos devem ser significativos e realistas, isto é, conteúdos que tenham conteúdo e não simplesmente conteúdos pelo conteúdo. Por isso, é necessário que se estabeleçam certos critérios e princípios para a seleção dos melhores conteúdos.

Harold T. Johnson e outros autores apresentam alguns critérios gerais para a seleção dos conteúdos das disciplinas, tais como:
– significação
– adequação às necessidades sociais e culturais
– interesse
– validade
– utilidade
– possibilidade de reelaboração
– flexibilidade

Critérios para a seleção dos conteúdos

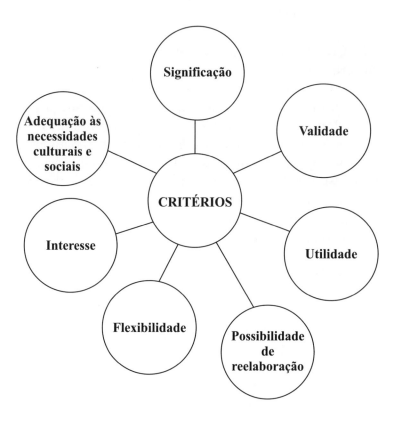

3.1. Critério de significação

O conteúdo será significativo quando atender às necessidades, às aspirações e aos verdadeiros objetivos dos alunos. Será significativo se condizer com a realidade pessoal, social e cultural do aluno e se expressar os verdadeiros valores existenciais. Os conteúdos serão significativos quando atingirem profundamente o aluno, no que diz respeito a uma verdadeira aprendizagem.

3.2. Critério de adequação às necessidades sociais e culturais

Os conteúdos devem refletir os amplos aspectos da cultura, tanto do passado quanto do presente, assim como todas as possibilidades e necessidades futuras. Os melhores conteúdos são os que atendem às necessidades sociais e individuais da pessoa. Pois o aluno está inserido numa sociedade que lhe faz exigências de toda a ordem e lhe impõe obrigações e responsabilidades. Mas esse mesmo aluno é um indivíduo com necessidades pessoais e com objetivos particulares.

3.3. Critério de interesse

Um dos objetivos dos conteúdos é manter e desenvolver o interesse do aluno em atingir os seus objetivos, podendo assim resolver os seus problemas e atender as suas necessidades pessoais. Os conteúdos selecionados devem refletir profundamente os interesses dos alunos. Pois os interesses servem de base para selecionar os conteúdos das respectivas disciplinas.

3.4. Critério de validade

"Exige que a estrutura essencial, que caracteriza estes conteúdos, reflita, tanto quanto possível, a utilização da disciplina da qual fazem parte" (ENRICONE et al., 1975, p. 111).

"Todo o conteúdo, que não responder a este critério de validade, é destituído de todo e qualquer valor, sendo capaz de provocar o desinteresse, o desgaste intelectual e emocional do estudante. Pois a aquisição do conhecimento pelo conhecimento não tem valor. O conhecimento sem a aplicabilidade perde o seu sentido e se torna irrelevante para qualquer estudante. É necessário selecionar conteúdos que sejam válidos não só para o momento, mas que possam servir pra toda a vida do indivíduo. Conteúdos que abram novas perspectivas, novas visões, novas possibilidades. Conteúdos que o estudante possa trabalhá-los, isto é, ocupá-los. Enfim, conteúdos que respondam aos anseios do aluno" (MENEGOLLA, 1978, p. 290).

3.5. Critério de utilidade

"O critério de utilidade vai levar-nos a atender diretamente o problema do uso posterior do conhecimento, em situações novas.

Na seleção de conteúdos, ele estará presente quando conseguirmos harmonizar os conteúdos selecionados para estudo, com as exigências e características do meio em que vivem nossos alunos" (ENRICONE et al., 1975, p. 112).

3.6. Critério de possibilidade de reelaboração

"Refere-se à recepção, assimilação e transformação da informação pelo próprio aluno" (ENRICONE et al., 1975, p. 112).

A reelaboração serve para que os conteúdos selecionados possibilitem ao aluno realizar elaborações e aplicações pessoais a partir daquilo que aprendeu. Desse modo os conteúdos devem ser trabalhados pelo aluno de forma pessoal e criativa. Mas, para que tal aconteça, esses conteúdos devem ser adequados, para que os alunos possam desenvolver essa habilidade.

3.7. Critério de flexibilidade

"Diz respeito às alterações que podemos realizar em relação aos conteúdos já selecionados" (ENRICONE et al., 1975, p. 112).

A seleção dos conteúdos não pode ser caracterizada pela rigidez como se fosse uma decisão definitiva e inflexível. Ela consiste na possibilidade de alterar e de reestruturar, sempre que for necessário, e acordo com as novas urgências e as novas situações que surgem no dia a dia do estudante. Os conteúdos selecionados não devem ser estabelecidos e prontos, de modo que não possam ser readaptados, mas de tal forma que possam atender os objetivos ou certos requisitos. Enfim, os conteúdos devem ser estabelecidos de maneira flexível, para possibilitar alterações, se necessário for.

4. SELEÇÃO DOS PROCEDIMENTOS

A seleção e a organização dos procedimentos são formas de atuação desencadeadas, na sala de aula, pelo professor e pelo aluno, tendo em vista a consecução dos objetivos. Os procedimentos didáticos expressam, em linhas gerais e específicas, a ação docente e discente para alcançar os objetivos educacionais e instrucionais.

De acordo com Risk,

> os procedimentos de ensino são conjuntos de atividades unificados, relacionados com meios de ajuda para a obtenção dos resultados pretendidos. Em realidade, representam modos de organizar as experiências de aprendizagem, durante os períodos de aula (ENRICONE et al., 1975, p. 126).

Tratam-se de atividades, procedimentos, métodos, técnicas e modalidades de ensino, selecionados com o propósito de facilitar a aprendizagem. São, propriamente, os diversos modos de organizar as condições externas mais adequadas à promoção da aprendizagem.

Os procedimentos de ensino podem ser caracterizados segundo dois grandes estilos: o ensino individualizado e o ensino socializado. Cada um desses estilos de ensino apresenta suas próprias peculiaridades e características, e se destinam a alcançar certos objetivos; atendendo também às características dos alunos e aos tipos de aprendizagem.

O ensino individualizado se caracteriza, de modo especial, pela ênfase dada ao atendimento as diferenças individuais, isto é, permite que o aluno avance na aprendizagem, segundo o seu próprio ritmo; facilita, ainda, o aprofundamento do aluno no estudo daquelas matérias que são mais significativas para ele e que atenda aos seus interesses particulares.

As técnicas que caracterizam o ensino individualizado são: o estudo dirigido, o ensino programado, o ensino através de projetos, o ensino contratual, unidades de trabalho, pesquisas, estudo através de fichas, módulos, o estudo de problemas, exercícios individuais e outras.

No ensino socializado, a atenção se concentra no grupo, pois a aprendizagem é efetivada através do trabalho e do estudo grupal e requer uma dinâmica de cooperação mútua. Favorece a participação ativa, a descentralização dos poderes e responsabilidades na tomada de decisões. Favorece a aceitação e o desenvolvimento de sentimentos positivos e a cooperação interpessoal. Promove a coesão, a conscientização do grupo para o trabalho coletivo, a cooperação entre os estudantes propiciando o crescimento e o desenvolvimento social do indivíduo no grupo.

O ensino socializado pode ser desenvolvido através da prática progressiva de várias técnicas grupais, como, por exemplo: discussões em grupo, painéis, simpósios, seminários, dramatizações, mesas-redondas e outras. Estas técnicas permitem a troca de ideias e experiências entre os membros do grupo, a participação ativa de todos os estudantes, o comprometimento de todos diante dos compromissos e a promoção coletiva do indivíduo no grupo.

Para que todos os procedimentos, métodos e técnicas selecionados sejam eficientes, na consecução dos objetivos, devem ser:
- planejados, tendo como ponto de referência os objetivos;
- adequados aos conteúdos;
- adequados ao nível dos alunos;
- adequados às possibilidades da escola, do professor e dos alunos;
- relacionados aos demais elementos do plano;
- possíveis de serem aplicados na ação concreta na sala de aula.

5. SELEÇÃO E ORGANIZAÇÃO DOS RECURSOS DIDÁTICOS

Os recursos didáticos formam o conjunto de meios materiais e humanos que auxiliam o professor e o aluno na interação do processo ensino-aprendizagem. "Os recursos ou meios para o ensino referem-se aos vários tipos de componentes do ambiente da aprendizagem, que dão origem à estimulação para o aluno" (GAGNÉ, 1971, p. 247).

Os professores que planejam as disciplinas devem partir de uma análise os objetivos, dos conteúdos, dos procedimentos e de todas as possibilidades humanas e materiais, que o ambiente escolar pode oferecer, em termos de meios que possam ser manipulados no processo ensino-aprendizagem. A partir dessa análise podem decidir a respeito da seleção dos melhores meios. Os objetivos de ensino não só determinam os conteúdos e procedimentos, mas também os recursos. Pois destes pode depender a consecução daqueles.

Portanto, o estudo da relação entre os vários elementos, que formam o plano da disciplina, é fundamental para se poder determinar quais as prioridades em relação aos meios instrucionais necessários, para que melhor se processe o ensinar e o aprender.

"Os recursos são elementos indispensáveis, que facilitam e apoiam, em conjugação com os métodos, todos os tipos de atividades e ensino-aprendizagem" (El curriculum para 1980, p. 55).

O ensino fundamenta-se na estimulação, sendo esta favorecida pelos recursos didáticos, que facilitam a aprendizagem. Os recursos didáticos atuam no sentido de despertar o interesse, provocar a discussão e os debates; desencadeando perguntas e gerando novas ideais. "O conhecimento científico depende, em última análise, da observação direta dos fatos e das coisas" (GAGNÉ, 1971, p. 248). Trata-se de ver o fato, a coisa em si mesma, ou seja, estar junto, e sentir o próprio fato e a coisa própria.

O professor ao planejar a disciplina deve considerar a importância dos recursos e quanto eles podem objetivar o ensino e a aprendizagem, despertar e manter o interesse dos alunos; auxiliar o professor na comunicação dos conteúdos; facilitar a concretização de ideias e fatos; elucidar conceitos, desenvolver a percepção e provocar a ação do aluno.

Os recursos didáticos, em termos gerais, podem ser classificados em humanos e materiais. Estes fazem parte do ambiente comunitário e escolar. Em relação a ambiente, são diversos os recursos que podem ser aproveitados pelos professores e alunos, como, por exemplo, os pais, os líderes comunitários, os especialistas em determinadas áreas e outras pessoas inseridas na comunidade. Na comunidade, a escola pode, ainda, se servir dos laboratórios, da indústria, do comércio, dos clubes e demais associações nela existentes.

Na própria escola existe um grande número de recursos humanos. Todo o pessoal escolar se constitui num dos grandes e ótimos recursos para desencadear um bom ensino. A escola deve e tem que dispor, ainda, de biblioteca, salas especializadas, laboratórios, projetores e materiais específicos para cada disciplina, como mapas, revistas, jornais, discos, fitas e muitos outros. Algumas escolas já possuem certo material mais sofisticado, como aparelhos de TV e vídeos, que oferecem uma grande contribuição para um bom ensino.

Contudo, os professores e alunos, usando da sua criatividade, podem elaborar e montar os seus próprios recursos de forma simples, que podem ser de muita eficiência na ação didática.

6. Processo de Avaliação

A avaliação é um momento do ensino de muita importância para o professor e para a escola, mas é muito mais importante para o aluno. Para o professor ela é um meio de diagnosticar a realidade dos seus alunos, a fim de poder realizar uma ação pedagógica, a partir da realidade e das necessidades dos seus alunos.

A avaliação para o professor não deve ter, simplesmente, o objetivo de tentar quantificar o conhecimento através de provas ou testes para atribuir notas ou conceitos, mas deve ser um meio para ajudar o aluno a conhecer melhor a sua realidade.

A avaliação é importante para o aluno, porque através dela ele pode conhecer a sua situação. "Pois o verdadeiro significado da avaliação resume-se em capacitar o educando a se conhecer melhor" (FLEMING, 1970, p. 493). Isto é, saber da sua situação em termos de aproveitamento escolar. Logo, a avaliação importa, não tanto para os professores e para a escola, mas muito mais para o aluno. Pois este deve ser o mais interessado em ser avaliado para que ele possa constatar a sua realidade escolar.

Sendo a avaliação a última etapa do processo ensino-aprendizagem, ela deve fazer parte integrante do mesmo. Por isso, ao se planejar a disciplina, se faz necessário definir e estabelecer, claramente, o processo, a forma, as técnicas e os instrumentos de avaliação que vão ser empregados.

Ao planejar a disciplina, o professor deve considerar os objetivos e as determinações curriculares para estabelecer o processo de avaliação para seus alunos. Por isso que os currículos escolares devem, quanto à avaliação, defini-la, em termos gerais e amplos, permitindo, assim, ao professor certa liberdade em relação ao modo como vai avaliar os seus alunos.

Segundo essa linha de procedimento, o professor, ao decidir como vai avaliar, deve considerar os objetivos da disciplina, os interesses, as possibilidades e as características dos seus alunos.

Portanto, ao se planejar a disciplina, deve ser evidenciado explicitamente o modo como será realizada a avaliação, ou seja, quais as formas, os métodos, as técnicas e instrumentos que vão ser empregados para verificar o rendimento dos alunos em relação a todo o aproveitamento escolar.

É necessário expressar claramente a avaliação que será efetuada através de testes dissertativos, testes objetivos, exercícios individuais ou grupais, trabalhos de pesquisa, apresentações por escrito ou orais, participação nas atividades, interesse, ou outros meios que possam ajudar a avaliação do desempenho escolar do aluno.

Quanto aos instrumentos ou aos meios, eles devem ser bem adequados aos objetivos, aos conteúdos da disciplina e às características dos alunos, isto é, que de fato atendam às condições intelectuais, emocionais e as habilidades psicomotoras dos alunos.

Considerando todos esses passos, é de fundamental importância, a partir do plano, que os alunos possam verificar e perceber com clareza o porquê das avaliações, de que forma serão avaliados e quais os critérios que serão adotados na avaliação da sua aprendizagem.

PARTE II
INSTRUMENTALIZAÇÃO PARA A AÇÃO

"É preciso uma decisão consciente,
muita mística, muita garra,
Para estabelecer uma *Pedagogia de Direito*,
Numa *Sociedade de Conflitos*,
Onde só na luta se espera com esperança".
(P. Freire)

I. DA TEORIA À PRÁTICA: PROPOSTAS REFERENCIAIS METODOLÓGICAS

Desejamos enfatizar que o compromisso do educador com a realidade sociopolítica e cultural não o desvincula do material instrucional organizacional que tornará a aprendizagem mais efetiva.

Os modelos propostos, para facilitar a tarefa educacional, têm como pressuposto básico oferecer ao professor sugestões que contribuam para um consenso pelos educadores a respeito de questões focais de sua atividade, bem como oferecer alternativas outras de perspectiva e ação.

Há um número significativo de modelos para organização do ensino que se diferenciam entre si pelos princípios que os fundamentam, sequência dos passos ou fases, desempenhos previstos por professores e alunos, recursos necessários, resultados esperados.

Queremos com isto esclarecer que há modelos de ensino em que os princípios fundamentais estão alicerçados na informação oral, no conhecimento ou habilidades básicas, na avaliação baseada na recitação, no aluno receptivo, não favorecendo a socialização na sala de aula, o desempenho do aluno está condicionado a ouvir e aprender a informação, além de uma submissão à avaliação, esta linha de ação exige do professor conhecimento, boa dicção, clareza na informação, habilidade na comunicação, o aluno fica restrito a um campo de ação que não obedece às diferenças individuais, ao ritmo próprio de cada um e a uma participação ativa no processo.

O método citado predomina na maioria de nossas escolas e com destaque no terceiro grau. Lamentavelmente a tentativa de aceitar desafios, vivenciar novas experiências, correr o risco na busca de um bem maior, dar permissão a si e ao educando a um ato de criação e libertação, é raridade em nosso sistema educacional.

Selecionamos um paralelo de procedimentos, dentre muitas outras alternativas de situações de ensino-aprendizagem com o objetivo de mostrar ao educador como deve conceber sua participação no processo educativo, educando-se para educar.

A ideia é de que o mestre, a partir da observação dos exemplos, os quais expressam a discrepância entre "o que é" e "o que deve ser" quanto ao desempenho educativo, passe a ser um criador, um desafiador, um questionador de metodologias. Temos a pretensão de acreditar que o professor não deseja ser só teórico ou prático, mas acima de tudo um transformador da realidade.

O SER

O professor fala com segurança, clareza, objetividade.
Traz consigo um plano bem elaborado, com fundamento lógico, sequência e ordenação perfeitos.
Faz comentários, ilustra com exemplos, projeta *slides*, esclarece dúvidas.
Os alunos, em seus estudos, procuram memorizar o conteúdo da matéria estudada, através do livro adotado pelo mestre e as anotações de aula.
Em cada aula o professor indica uma bibliografia complementar relacionada com o assunto estudado. Em cada mês são feitas duas provas elaboradas com questões objetivas e dissertativas, num total nunca inferior a 50 questões, para que tudo o que foi dado seja medido. As datas das provas são marcadas previamente. Os alunos sempre estão em silêncio, ouvindo com atenção a exposição do professor. Anotam ao máximo as informações e compara os registros com os colegas. Não fazem perguntas, pois não sentem necessidade de formulá-las já que a comunicação do mestre é perfeita. Estão satisfeitíssimos com o professor pois as aulas dadas são ótimas.
É raro algum ruído na sala. Os alunos, sempre em fila, em absoluto perturbam ao professor. Não demonstram por palavras ou gestos qualquer desagrado, o autodomínio é predominante, não percebendo qualquer tipo de rejeição ao sistema.
O professor, quando excepcionalmente ocorre algum incidente, procura superá-lo recorrendo a recursos variados como falar mais alto, acrescentar mais exercícios ou fazer um jogo para manter a atenção do grupo e sua participação.
Num dia em que a classe estava um tanto agitada, constatando a ineficácia dos recursos utilizados para obtenção da comum disciplina, ao se aproximar o final da aula resolveu questionar a turma para saber o que ocorria e só então tomou conhecimento de que uma de suas alunas havia recebido o prêmio de melhor pianista jovem do Brasil, entre 30 participantes. Bateu o sinal...

O DEVER SER

O professor ao iniciar a aula reúne os alunos em círculo e planeja com a classe os procedimentos que serão adotados pelo grupo. Todos os alunos participam com entusiasmo, apresentam sugestões, debatem ideias, apresentam soluções alternativas, registram conclusões. Atividades individuais e grupais são definidas. Decidem sobre quais leituras complementares serão feitas, em que momento e local, em que dia e hora realizarão experiências, farão observações, estabelecem critérios para os trabalhos que realizarão e a forma de apresentação dos resultados, se oral e escrita, escolhem os elementos do grupo que se ocuparão da documentação, os que farão entrevistas, os responsáveis por cartazes e divulgação do evento programado, enfim deliberam sobre atividades destinadas a demonstração, discussão e verificação dos resultados.
Os alunos realizam estudos independentes, consultando materiais sugeridos no plano de trabalho, posteriormente em grupo consultam obras de referência, bibliografia selecionada, leem textos impressos ou mimeografados, assistem filmes, observam diapositivos, preenchem fichas a partir de levantamentos de dados reais, ouvem discos, assistem TV, noticiário de rádio, etc.
O professor constatou, ao iniciar suas atividades com a turma, um clima de agitação, prejudicando o rendimento da aprendizagem. Reunindo-se com os demais colegas deliberaram desenvolver um trabalho de orientação no sentido de despertar o aluno para assumir

responsabilidade, tomar iniciativa, decisões adequadas de forma serena. Há momentos em que o trabalho do grupo é bastante movimentado, porém os próprios alunos buscam restabelecer a serenidade no ambiente. Quando problemas mais sérios ocorrem o professor intervém, ajudando aos alunos na solução.

O fator decisivo nessas ocasiões é o poder do professor de incentivar o aluno, valorizando seu esforço e conscientizando-o de sua capacidade. O professor não usa de repreensões e sim de elogios e exemplos dignificantes ou ilustrativos.

O respeito ao colega, o gesto afetivo, a variação de estímulos acompanhados de ordenação, após o estabelecimento de normas definidas pelo próprio grupo foi decisivo para uma disciplina consciente e consequente produtividade das tarefas.

O reinício de cada aula ocorre com professor e alunos redefinindo o planejamento geral (implementação), decidindo sobre as tarefas a realizar, o tempo disponível, etc., enquanto as solicitações individuais e grupais vão sendo atendidas os demais membros das diferentes equipes vão dando continuidade aos estudos.

Em determinados dias o professor utiliza parte da aula para expor algum assunto relacionado com o trabalho em desenvolvimento, procurando manter o interesse da classe e assim aprofundar algumas de suas indagações.

O professor procura atuar como incentivador fazendo elogios ao progresso apresentado pelos alunos, ao rendimento do trabalho, a qualidade do mesmo, à integração harmoniosa do grupo, procurando também encorajá-los para vencerem as prováveis limitações que ocorram, por exemplo: o calor era intenso, os alunos solicitam ao professor para suspenderem a tarefa; este argumenta que também estava exausto, mas que alcançar um resultado difícil é muito compensador, traz satisfações e alegrias maiores ao se vencerem os obstáculos e no caso o rendimento e a aproximação da conclusão da tarefa compensaria realmente o esforço. O trabalho foi iniciado, a compreensão e incentivo demonstrados pelo mestre foi força geradora tal, que nem mestre ou alunos perceberam o sinal que anunciou o término da aula

Os registros teórico-práticos que acabamos de fazer são diretrizes gerais, que têm como objetivo maior alertar o professor da existência dos múltiplos recursos e caminhos a seguir, bem como despertá-lo para a necessidade de busca do conhecimento de alternativas que permitam uma melhor operacionalização e produto do processo ensino-aprendizagem.

Sugerimos ao professor a análise de condições concretas da realidade, associando-as a diferentes modelos e destacando o que melhor se adequar aos objetivos a que se propõe atingir.

Vejamos o agrupamento classificado de Joyce, Bruce e Well, Marsha (1972):

a) Modelos baseados na interação social, recaindo a ênfase nas relações da pessoa com outras pessoas.

A prioridade é dada às relações sociais e a criação de uma sociedade melhor. A preocupação está em desenvolver no indivíduo habilidades para relacionar-se com os outros.

A ênfase no aspecto social não exclui a preocupação com a aprendizagem das matérias acadêmicas, o desenvolvimento do eu e também da mente. O aspecto social é o meio pelo qual os professores buscam a formação educacional. São seguidores desta corrente: Herbert Thelen, John Dewey, Byon Massialas, Benjamin Cox, Maine e outros.

b) Modelos baseados no pensamento da informação (cognitivo) recaindo a ênfase no desenvolvimento de habilidades relacionadas ao conhecimento, através da solução de problemas, exploração da criatividade, habilidades intelectuais ou processos mentais indutivos e raciocínios acadêmicos. Os principais teóricos são: Hilda Taba, Richard Schiman, Joseph J. Schwab.

c) Modelos orientados para a pessoa enfatizam os processos pelos quais os indivíduos constroem e organizam sua realidade, acentuam a psicologia individual e a vida emocional do indivíduo. Os principais seguidores desse modelo, embora com algumas peculiaridades específicas individuais, são: Carl Rogers, William Glasser, Schultz, Fritz, Perls.

d) Modelos de modificação do comportamento. São modelos, em geral, fundamentados em teorias behavioristas. A base consiste na sequência das atividades e modelação do comportamento pela manipulação do reforço. O comportamento visível, observável predomina sobre o subjacente e inobservável. Destacam-se como teórico: B.F. Skinner (condicionamento operante), R. Gagné (modelo hierárquico de aprendizagem).

Uma visão mais efetiva do assunto requer uma pesquisa às obras dos educadores citados. Nossa intenção, repetimos, é alertar o professor para as múltiplas possibilidades que se lhe oferecem e confiar no interesse dos mesmos em darem o primeiro passo para a realização de uma mudança significativa no cenário educacional.

II. Projeto

1. Justificativa

Considerando que a vida do homem é um contínuo projetar, dar preferência à realização das atividades escolares em forma de projeto é uma forma segura de eliminarmos o distanciamento entre a vida e a escola, além de propiciarmos a integração do educando à própria vida.

O "Método de Projetos", embora dê maior relevo à socialização do educando, enquadrando-se predominantemente no modelo de ensino que dá ênfase à interação social, permite, contudo, o atendimento, de forma equitativa, às diferenças individuais, ao desempenho do aluno, bem como ao desenvolvimento de habilidades cognitivas.

Qualquer dos modelos de ensino em uso pelo professor permite a introdução do Método de Projetos, com a vantagem de acrescentar ao ensino a oportunidade do aluno aprender a fazer, fazendo; a viver, vivendo.

2. Caracterização

Acreditamos ser o projeto um meio pedagógico por excelência, considerando que tanto professor quanto alunos atuam como sujeitos ativos na situação metodológica propiciada pelo projeto.

No projeto o processo educativo se baseia numa metodologia ativa, ou seja, no "aprender fazendo". A participação dos elementos envolvidos no projeto oportuniza a integração que favorece o crescimento individual e grupal, além de permitir uma consciência crítica capaz de propor reais soluções. Encontramos nas palavras de J. Dewey a confirmação de nosso pensamento:

"Projetar e realizar é viver em liberdade."

A operacionalização do comportamento sensório-motor, verbal e mental, deve constituir a preocupação básica do educador para que possa ver atingido o objetivo máximo da educação: o desenvolvimento integral da personalidade do aluno. Para Kilpatrick, considerado o sistematizador do projeto no ensino, projeto é uma atividade valiosa, unitária e intencional, realizada em situação real, cujo objetivo determina o seu rumo, guia seus passos até sua completa realização. A concretização de um projeto exige uma postura de competição positiva, de compromisso interno ou pessoal na busca de solução de um problema, para que o objetivo educacional almejado seja plenamente alcançado.

O papel do professor no projeto é de incentivador, orientador, auxiliar, enquanto o aluno torna-se o agente da sua própria aprendizagem.

A atitude do mestre em relação ao conteúdo da matéria, sua relação com o aluno, a maneira como informa ao educando seu progresso é de importância vital para a aprendizagem. Recursos valiosos, como computador, filmes, laboratórios, bibliotecas, etc., de nada valerão se o professor falhar como "pessoa".

Segundo Stevenson, quatro elementos característicos observam-se num projeto:

a) Raciocínio x informação de memória.

b) Ação conduzida por sua própria vontade x informação.

c) Ambiente natural da aprendizagem x ambiente artificial da aprendizagem.

d) Prioridade do problema x prioridade dos princípios.

Aguayo apresenta as seguintes características de um bom projeto:

a) Uma atividade intencional e bem motivada;

b) Que tenha alto valor educativo;

c) Que consista em fazer algo;

d) Pelos próprios alunos;

e) Em seu ambiente natural.

Observando diretrizes de educadores como Hamin, Simon e Raths, concluímos que o projeto busca colocar o aluno em situação de questionamento para que possa:
– Meditar sobre suas escolhas;
– Tomar consciência sobre o que aprecia;
– Manejar de forma motivada e inteligente materiais postos a sua disposição;
– Expressar ideias, sentimentos, atitudes, crenças de forma responsável.

3. Princípios Fundamentais

1. Princípio da intenção.
2. Princípio da situação-problema.
3. Princípio da ação.
4. Princípio da experiência real anterior.
5. Princípio da investigação.
6. Princípio da integração.
7. Princípio da prova final.
8. Princípio da eficácia social.

Princípio da intenção
É de vital importância que o aluno tenha uma intenção definida para realizar o projeto. Queremos dizer com isso que o aluno precisa saber exatamente o que quer e onde quer chegar. Seu desejo de atingir o objetivo é que irá conduzi-lo, permitindo sua realização e consequente satisfação pessoal.

As etapas diversas do projeto se constituirão de porções significativas de experiências, cujas realizações servirão de pressuposto básico para confirmação dos propósitos. A caminhada individual e grupal oportunizará vivência democrática, respeito a si e ao outro, iniciativa, ação dirigida pelo pensamento, autocrítica e persistência. Podemos sintetizar o princípio da intenção com os pensamentos:

"A essência da liberdade é a praticabilidade dos propósitos que formulamos" (Whitehead).
"Somos livres no grau em que agimos sabendo o que pretendemos obter" (Dewey).

Princípio da situação-problema
É o principal princípio da técnica de projetos. Visa "a solução de problemas de forma previamente estabelecida e executada em ambiente natural".

Os elementos envolvidos no projeto irão detectar uma situação problemática, cuja solução interesse ao aluno individualmente ou ao grupo. Após diagnosticar o problema, procurarão verificar o que podem fazer, pesquisarão como resolver a questão e planejarão as ações para solucioná-lo.

O levantamento das necessidades desencadeará o pensamento, isto é, a dificuldade ou as dificuldades encontradas diante de um fato gerarão o ato de pensar, que, por sua vez, implicará na formulação provisória, alicerçada numa cadeia das ações. Constatamos que pensamento e ação são elementos de um mesmo processo; é preciso agir para pensar e a recíproca é também verdadeira. O aluno colocado diante de situações reais da experiência terá oportunidade de vivências, o que facilitará comprovadamente a aprendizagem.

A solução de problemas requer observância do método científico, o que educará o aluno para ver, ouvir, sentir, pensar, agir, realizar, concluir e gratificar-se pelas conquistas obtidas de forma segura e eficaz.

Princípio da ação
"Mãe boazinha é aquela que faz tudo pelo filho"; "professor ideal é o que dá tudo 'mastigadinho' para o aluno". Estas afirmações seriam verdadeiras se verdadeira fosse a ideia de que alguém pode se alimentar no lugar de outrem.

A aprendizagem é um processo eminentemente pessoal e ativo. O aluno, e somente ele, será o agente de sua própria aprendizagem. Na nova situação, propiciada pelo projeto, terá oportunidade de agir, reagir, perceber, analisar, observar, manipular, testar, julgar, decidir, comunicar, sentir. Todo o seu ser estará envolvido: o comportamento, o sentimento, a ação, o pensamento constituirão um todo que desencadeará a aprendizagem.

Princípio da experiência real anterior
Nada surge do nada, toda nova aprendizagem requer pré-requisitos de experiências passadas. Quanto mais situações tiver vivenciado o aprendiz, tanto em qualidade quanto em quantidade, maiores probabilidades de soluções alternativas lhe ocorrerão, facilitando a solução de novos problemas.

Princípio da investigação
Aprendizagem é sempre experimentação e exploração em busca das significações. O processo é muito menos sistemático e muito mais intuitivo do que geralmente se supõe. Algumas vezes devagar, outras rapidamente, é no curso da atividade exploratória e das sequências industriais que a luz se faz e a significação se revela. O resultado final será um padrão claro, sistemático, logicamente organizado, mas sua criação é experimental e intuitiva, passando muitas vezes por rodeios e tentativas (Mursell).

A sequência indutiva não tem o seu ponto de arranque na exposição dos princípios gerais, mas na colocação do indivíduo ante algumas instâncias concretas do princípio, que ele pode analisar, manipular e experimentar, tanto simbólica como atuantemente, para, através desta exploração, descobrir a regra, a ideia, o princípio ou a generalização que consiste o sentido comum de enlace entre aquelas várias instâncias particulares (Hilda Taba).

Princípio da integração
A aprendizagem em seu primeiro momento se depara com uma visão global, porém sem crítica do problema. À medida que o processo avança, passa a ocorrer uma percepção significativa, detalhada, diferenciada da situação. O que estava difuso se torna claro, evidente, explícito, permitindo uma visão analítica, objetiva e unitária das partes isoladamente e em relação ao todo, temos assim a síntese, ou seja, um conhecimento significativo global, em termos totais e diferenciais. A apreensão da realidade, em que o conhecimento da estrutura total do problema é vista com nitidez, eliminando-se dúvidas sobre aspectos chaves da situação, bom como o conhecimento da relação das partes com o todo e desse com as partes de maneira diferenciada e inter-relacionada, denomina-se integração.

Princípio da prova final
A comprovação de que o problema foi resolvido e consequentemente de que o objetivo foi alcançado é de suma importância, pois significa que o pensamento seguiu uma linha adequada de ação, que cada elemento e o grupo agiram com coerência e responsabilidade e que o desempenho foi eficaz.

Princípio da eficácia social
"Viver é fácil, conviver é difícil".
Através do projeto, a criança aprende a desenvolver-se socialmente, crescendo com o grupo, participando de forma democrática e, assim, tornando-se apta a participar de maneira harmoniosa consigo mesma e com as pessoas com as quais convive. Acresce-se ainda o fato de o aluno estar, pela participação, adquirindo novas experiências, ricas em valores do espírito.

4. FASES TÍPICAS DA ELABORAÇÃO DE UM PROJETO

O projeto se constitui de um processo de planejamento, execução e controle constantes que assegurem uma contínua vigilância das atividades, culminando com a execução do plano traçado e crítica dos resultados obtidos.
As fases ou etapas de um projeto são:
1. Definição do objetivo (formulação do propósito).
2. Planejamento das atividades – Elaboração do plano de trabalho.
3. Programação.
4. Execução do plano e programa.
5. Controle do progresso.
6. Replanejamento e reprogramação.
7. Culminação.

Definição do objetivo
É a etapa mais importante do projeto. O aluno deve saber com clareza onde quer chegar; é o momento em que o valor do trabalho conscientizado se tornará a mola propulsora para que os fins sejam alcançados.

Caberá ao professor estabelecer na turma um clima favorável para facilitar a tarefa. Através de perguntas, estímulos diversos e recursos variados o aluno será colocado em posição de receptividade, reconhecendo a necessidade do projeto e propondo-se a realizá-lo.

Plano de atividades
Se constitui na relação dos procedimentos necessários para execução do plano, observando-se a sequência em que serão realizados.

Programação
É uma das atividades básicas da administração do projeto. Instrumentos administrativos vários facilitam a formulação de planos e programas de acordo com o grau de complexidade exigido.

Detectada a necessidade de realizar um projeto, é mister conhecer previamente seu significado, transcendência, alcance e repercussão em custos e tempo. A planificação é, portanto, um fator indispensável.

As técnicas para programação de projetos são basicamente:
a) o gráfico de Gantt,
b) a teoria das redes,
c) o caminho crítico ou CPM (Critical Path Method – Método do Caminho Crítico).

Execução
É a etapa da ação.

O professor deverá estar atento ao desempenho dos alunos, observar, o rendimento do trabalho, incentivar o aluno com elogios, manifestando apoio e reconhecimento pela dedicação.

O professor deve ter cautela para não auxiliar com exagero a criança, tirando-lhe o prazer da descoberta, procurando atendê-la de acordo com suas necessidades.

Controle do progresso
O professor, através de instrumentos variados como fichas, observação direta, autoavaliação, avaliação cooprática, etc., deverá acompanhar o progresso do aluno.

Elogio geral é de pouco valor e crítica rigorosa não incentiva ninguém. Chamar o aluno pelo nome, ressaltar seus pontos positivos é de alta significação para melhoria do desempenho ou mudança de comportamento.

Planejamento e reprogramação
Ao concluir o planejamento, faz-se um reexame de todos os elementos abordados para substituir ou incluir o que for necessário, efetuando-se a seguir o registro do que realmente será executado. Tem-se assim o documento chamado plano de projeto. A cada etapa do projeto deve também se fazer o replanejamento e a reprogramação dos

desvios detectados para assegurar o alcance dos propósitos desejados.

Culminação
É indispensável ao término do projeto a exibição do resultado por meio e um produto concreto, palpável, comprovando que os esforços canalizados para atingir o objetivo foram alcançados e válidos.

Faremos alguns registros sobre duas das técnicas referenciadas anteriormente, as quais consideramos as mais simples de serem utilizadas em sala de aula ou a nível de escola.

5. GRÁFICO DE GANTT

O Gráfico de Gantt se baseia em dois princípios básicos:
 a) A duração de cada atividade é susceptível de ser estimada.
 b) A duração de cada atividade pode representar-se em forma gráfica mediante uma barra em um quadro desenhado com este objetivo.

O Gráfico de Gantt compõe-se de colunas verticais; na coluna da esquerda registra-se a atividade; as demais colunas servirão para se anotar as unidades de tempo.

Nome do projeto: Coordenador(es):					Aprovado por:					
					Mês: Agosto					
Atividades:					Dias					
			13	14	15	16	17	18	19	20	21	22

5.1. Metodologia para uso do gráfico

Atividade

Se deve precisar quantas e quais atividades irão se desenvolver no projeto, bem como definir sua posição sequencial dentro do mesmo.

Prazo

Baseados em dados históricos, por experiência ou por analogia, deve-se atribuir prazo a cada atividade do projeto. No referido prazo se deverá considerar certa porcentagem de tolerância, de acordo com a previsão que se tenha em relação ao cumprimento do mesmo.

Preparação do quadro

Elabora-se um quadro que contenha espaços suficientes para detalhar todas as atividades do projeto, bem como colunas necessárias para registrar todas as unidades de tempo que se empregaram. Na parte superior de cada linha anotam-se as datas do calendário correspondente, iniciando-se pelo dia em que começará o projeto.

Elaboração do quadro

Uma vez relacionadas, as atividades devem ser ordenadas, conforme sequência lógica, observando-se o tempo previsto para realização de cada uma delas. As atividades se listarão e cada linha do quadro e se marcarão com uma reta horizontal as datas e que se haja programado sua realização, nas colunas relativas ao tempo (prazo).

No quadro deverão constar as seguintes informações:
a) Nome do projeto.
b) Nome de quem o elaborou.
c) Nome do responsável pela execução.
d) Nome e firma (instituição) que o autoriza (ou subvenciona).
e) Data da elaboração.

No mesmo gráfico se pode deixar uma linha em branco, logo abaixo da que registra a atividade prevista, com o fim de utilizá-la para registrar o que foi realizado, comparando as diferenças.

A administração de projetos se apoia em um conjunto de técnicas selecionadas para o planejamento e controle desde o início até o término do projeto. O processo começa quando os objetivos são identificados na fase do planejamento e continua através das fases de execução e controle, até que os objetivos tenham sido atingidos.

Planejamento do projeto
É o processo de converter as ideias gerais e a informação acerca dos trabalhos a realizar em uma estrutura ordenada de atividades sequenciadas para alcançar a meta.

Controle do projeto
É o processo de dirigir e supervisionar a execução dos trabalhos mediante revisões planejadas previamente.

O controle do projeto permite constatar o grau de eficiência obtido, dependendo este do cumprimento dos trabalhos nas datas previstas.

5.2. Método do Caminho Crítico ou CPM (Critical Path Method)

Esta técnica, também chamada rota crítica (CPM), é uma das mais populares, constituindo-se de uma metodologia para formular programas, assegurando uma melhor utilização do tempo.

A CPM sugere uma organização que mostre um sólido enfoque metodológico e que apresente, devidamente ordenada, a informação, permitindo que se tenha uma ideia clara e completa do projeto, bem como dos elementos que o constituem. Torna-se assim possível formar com exatidão um juízo sobre suas vantagens e conveniências ou de suas limitações e requisições.

O conteúdo do projeto deve dar resposta às principais questões que devem ser observadas para conhecê-lo e avaliá-lo. De um modo geral, estas questões são:

O quê?
Refere-se a uma descrição precisa do projeto. O título pode dar uma ideia do que se trata, mas sempre será necessário uma descrição breve que permita conhecer com precisão a que se refere o projeto.

Para quê?
Refere-se ao que se deseja obter com o projeto, aquilo que se pretende alcançar precisamente com o conjunto de atividades que constituem o projeto.

O por quê?
Refere-se às razões que justificam o objetivo e o próprio projeto. Pode incluir um detalhe dos antecedentes, causas e importância da situação que motivou se levar avante o projeto. É conveniente comentar tanto os benefícios e vantagens que se derivam do projeto, com suas desvantagens e limitações.

O como?
Refere-se ao aspecto central do projeto: a metodologia a seguir no desenvolvimento do projeto. É conveniente mencionar as principais atividades a realizar, sua sequência e os resultados esperados em cada etapa do trabalho. Esta informação pode incluir-se no plano de trabalho do projeto.

Com quê?
Refere-se à necessidade de indicar os recursos materiais requeridos para levar avante o projeto, em especial

os fundos necessários, devidamente quantificados conforme previsão e a relação dos demais recursos materiais (equipamento, instalações, maquinaria, veículos, etc.).

Com quem?
Refere-se especificamente à indicação das pessoas necessárias ao desenvolvimento do projeto. Pode ser uma simples relação dos postos, como por exemplo um analista, um redator, etc., caso se trate de um projeto administrativo.

Deve-se mencionar também se as pessoas solicitadas são por tempo integral ou parcial, assim como os serviços de apoio administrativo, técnico, legal, financeiro, etc.

Em especial é importante que se registre com clareza o nome do responsável ou dos responsáveis pelo projeto.

5.3. Roteiro-sugestão de projeto
1. Identificação
1.1. Título do projeto.
1.2. Síntese descrita (referência sintética aos objetivos e programa de trabalho).
1.3. Nome dos autores, com identificação do setor a que pertencem (se for um projeto de caráter institucional).
1.4. Data da elaboração do projeto.

2. Introdução
2.1. Antecedentes. Informação sobre as causas que geraram a necessidade do projeto, devendo apoiar-se em informação de diagnóstico ou investigação.
2.2. Hipótese ou explanação do problema. Determinação dos critérios que expliquem a natureza do problema ou problemas, a hierarquização destes e a definição dos pontos-chave para os quais deve ser dirigida a ação.

3. Objetivos

Definição clara e precisa dos objetivos que se pretende alcançar com o projeto e determinação das metas concretas, devidamente quantificadas.

Deve-se observar a correlação dos objetivos e metas do projeto com os objetivos da instituição.

4. Metodologia ou estratégia

Consiste na descrição da forma pela qual se pretende alcançar o objetivo. É necessário a explanação dos diversos caminhos para alcançá-lo e a justificativa de sua escolha.

5. Plano de atividades

A relação, em forma de lista, das atividades necessárias para levar a cabo o projeto, com a indicação dos responsáveis pela sua realização. Um gráfico que mostre a sequência e inter-relação das ditas atividades.

6. Programa de trabalho

Organização e calendário do plano de atividades em que se estabelece data-limite para o término de cada atividade. Aqui pode incluir-se a rota crítica.

Determinação de recursos materiais necessários, devidamente quantificados, com a indicação da data e lugar em que se os encontrarão disponíveis.

7. Previsão

Estimativa do dinheiro necessário para o desenvolvimento do projeto, detalhando em quantidades específicas: salário do pessoal, honorários, papelaria, condução, materiais diversos, equipamentos, etc. Aconselha-se empregar a mesma classificação de gastos utilizados na contabilidade da instituição. Os gastos devem ser calculados de forma a cobrir o período previsto para duração do projeto.

É aconselhável indicar as fontes de onde se buscará ou obter-se-á o total ou parte dos recursos financeiros (fontes prováveis: donativos, venda de serviços, rifas e sorteios, etc.).

8. Análise da execução do projeto
Refere-se ao estudo, sob diversos ângulos, que permite julgar se o projeto foi devidamente estimado.

9. Referências
No caso de haver-se recorrido a certa bibliografia, documentos ou qualquer outra informação documental, é conveniente relacioná-la, indicando autor, editorial e data de publicação.

5.4. Roteiro-sugestão para avaliação de projeto
As perguntas a seguir relacionadas são susceptíveis de mudança, de acordo com as circunstâncias e com o caso concreto de cada projeto.

1. Quanto aos antecedentes
1.1. Os dados para compreender a situação ou problema a que se quer da solução são suficientes?
1.2. São atuais e merecem confiabilidade os dados ou cifras do diagnóstico ou análise do problema?
1.3. Analisou-se suficientemente a situação?
1.4. Foram determinados os principais aspectos do problema?

2. Quanto aos objetivos
2.1. Correspondem os objetivos às situações problemáticas estabelecidas no item 1?
2.2. São claros e precisos os objetivos?
2.3. Foram estabelecidas e quantificadas as metas que se desejavam alcançar?

2.4. Os objetivos do projeto são congruentes com os objetivos e a política da instituição?

3. Quanto à metodologia
3.1. Verificou-se mais de uma forma de chegar ao objetivo?
3.2. A metodologia sugerida é congruente com o objetivo, isto é, permite concluir que será a melhor para alcançar o objetivo?
3.3. O plano obedece a uma sequência lógica?
3.4. Foram incluídas todas as atividades principais?
3.5. Propõe-se o emprego mais adequado dos recursos técnicos disponíveis?
3.6. Foram levadas em consideração experiências anteriores da própria instituição ou de instituições similares?
3.7. A instituição se compromete a assumir a responsabilidade do projeto?

4. Quanto à programação
4.1. Foram estabelecidas as datas limites mais importantes?
4.2. Foi estimado o tempo necessário para todas as atividades e este será adequado à realidade?
4.3. Foi previsto prazo de tolerância ou margem razoável para absorver imprevistos?
4.4. Foi estabelecida a rota crítica?
4.5. É adequado o prazo total requerido para o desenvolvimento do projeto?

5. Quanto aos recursos humanos
5.1. A pessoa designada como executivo ou responsável pelo projeto reúne características de iniciativa, dinamismo, capacidade de mando e coordenação para levá-lo adiante?
5.2. Estão adequadas à capacidade técnica as pessoas selecionadas para realizar as atividades?
5.3. As pessoas que irão realizar as principais atividades estão disponíveis para assumi-las?

5.4. Tomaram-se medidas para facilitar a coordenação entre os responsáveis pelas atividades?
5.5. Em caso de viabilidade, considerou-se no projeto algum tipo de compensação adicional ou reconhecimento aos responsáveis pelas atividades?
5.6. Foi previsto algum tipo de incentivo ou estímulo ao pessoal? No caso de necessitar-se contratar pessoa para o projeto, é possível selecioná-lo e contratá-lo oportunamente e de acordo com a remuneração calculada?
5.7. Caso necessário, considerou-se e foi programado certo adestramento do pessoal?

6. Quanto a provedores de equipe ou serviços
6.1. Foi sugerido no projeto a contratação de provedores de equipe ou serviços? Realizou-se e incluiu-se um estudo comparativo que assegurasse a melhor seleção do provedor?
6.2. Considerou-se a necessidade de formalização dos contratos com provedores e a determinação de cláusulas de penalidade por não cumprimento?

7. Quanto aos recursos materiais
7.1. São razoáveis as previsões quanto a disponibilidade e uso de instalações e equipamentos?
7.2. Dispõe-se com segurança de local e equipamento para levar adiante o projeto?
7.3. No caso de ser necessário algum tipo de construção, foram considerados todos os requisitos legais (permissão, licença, etc.)?

8. Quanto a recursos financeiros
8.1. Está completa a previsão?
8.2. As quantias previstas são passíveis de obtenção e em tempo hábil?
8.3. São garantidas as fontes responsáveis pela verba?
8.4. Alicerçou-se sobre bases confiáveis a previsão dos gastos?

8.5. Os prazos estimados para obtenção de fundos e pagamentos são realistas em relação a experiência e procedimentos institucionais?

9. Quanto aos aspectos sociais
9.1. No que afeta a comunidade, ajusta-se o projeto às características sociais e hábitos da mesma?
9.2. Em que aspectos afeta interesses e hábitos da comunidade?
9.3. Foi estabelecida alguma estratégia para neutralizar as resistências e alcançar o objetivo?

Alguns itens só serão observados em projetos mais ambiciosos que não aqueles realizados em nível de sala de aula. Podem, pois, conforme as necessidades, ser excluídos.

III. Organização sequencial de tópicos para a construção de diferentes tipos de planos

1. Plano curricular

1.1. Em nível de escola

Segundo o "Guia para planejamento curricular em nível de escola – Proposição de um modelo" elaborado pela Unidade de Pesquisa e Orientação Educacional da SEC-RS temos:

É o instrumento que registra as decisões tomadas em termos de:
– o que fazer,
– como fazer,
– quando fazer,
– como e quando avaliar, para extinguir ou minimizar as necessidades/problemas discriminadas.

Nesse sentido, deverão constar do plano curricular:

0.0. Dados de identificação da escola

1.0. Caracterização descritiva da comunidade em que se insere a escola.

2.0. Caracterização descritiva da escola e dos resultados obtidos em ano anterior.

3.0. Caracterização descritiva das relações escola-comunidade.

4.0. Estrutura organizacional da escola expressa por organograma.

5.0. Estrutura de funcionamento da escola expressa por funções de setores e atribuições do pessoal.

6.0. Discriminação das necessidades/problemas identificadas, de forma a evidenciar quais as prioritárias e quais as que, efetivamente, serão atendidas.

7.0. Explicitação dos objetivos de execução para atendimento de necessidades/problemas, em termos de:
- o que será feito,
- por quem será feito,
- sob que condições,
- quais os indicadores de consecução.

Os objetivos que se referem imediatamente à estruturação e melhoria do currículo sob o enfoque psicopedagógico, isto é, que dizem respeito ao currículo por atividades. Áreas de estudo e disciplinas deverão explicitar entre outras condições:

a) quadros de organização curricular (tábua de matérias, componentes do currículo),

b) disposição sobre o regime escolar, tais como:
- duração do ano letivo em dias e horas;
- organização, se anual ou semestral;
- utilização ou não dos sábados;
- duração e número de turnos;
- distribuição das classes por turnos;
- horários de início e término dos turnos;
- duração das aulas, etc.

8.0. Programação.

Explicitação das atividades e tarefas que serão desenvolvidas nos setores da escola para a consecução dos objetivos. Discriminação dos procedimentos e meios que serão utilizados. Procedimentos, instrumentos e critério de avaliação, tempo previsto. Cronogramas.

9.0. Cronograma geral.

10.0. Calendário escolar.

11.0. Descrição do sistema de controle e avaliação do desempenho da escola e de seus resultados, bem como do rendimento escolar dos alunos.

12.0. Anexos: Plano de currículo por atividades, áreas de estudo, disciplinas.

Obs. 1: Os itens já contidos no regimento escolar não constarão do plano curricular, sendo apenas mencionados.

Obs. 2: Os itens 7.0 e 8.0 poderão constituir um só item. Os objetivos introduzirão imediatamente as respectivas programações de execução.

1.2. Planejamento de currículo por atividades, áreas de estudos e disciplinas
Base
– Observação de fontes teóricas (Planos nacionais e regionais de educação).
– Diretrizes emanadas do sistema (SEC DE).
– Resultados de informações da realidade expressos no plano curricular da escola.
– Filosofia da escola.

A partir da sondagem e diagnóstico dos elementos citados estabelecemos o modelo de currículo específico da escola que deverá registrar:
– Dados de identificação.
– Filosofia da escola.
– Objetivo geral da escola.
– Objetivos geras que explicitem intenções quanto a habilidades, atitudes, valores.
– Necessidade: (problemas detectados)
– Objetivos específicos: (desempenho esperado para cada nível de ensino)

– Conteúdos previstos: (dados e eventos, conceitos, princípios, teorias, modelos, abordagens, métodos e técnicas).
– Estratégias: (Procedimentos – Técnicas – Recursos).
– Avaliação: (Técnicas – Recursos – Critérios).
– Implementação: (seleção e organização de interferências necessárias ao desenvolvimento do processo em ação).

2. PLANO BIMESTRAL

I. Dados de identificação
Escola:
Endereço: Rua:
            N.   Tel.:
Turno:
N. de alunos: Masc.:   Fem.:
Disciplina: (ou componente curricular)
Área:
Professor:
Coordenador pedagógico:
Coordenador de disciplina:
Coordenador da área:
Bimestre: Início: Término:

II. Distribuição do tempo
Total de aulas previstas:
Previsão de número de feriados:
Previsão de número de avaliações:
Previsão de recuperação:
Aulas destinadas à revisão de conteúdos:
– antes das provas:
– após as provas:
Aulas:
Meses: Março   Abril   Maio   Junho   Julho
Dias:

III. Características do grupo:
Procedência:
Repetentes:
Nível socioeconômico:

IV. Objetivos gerais

V. Conteúdo programático:

VI. Procedimentos:

VII. Recursos:
Humanos – Materiais – Físicos.

VIII. Avaliação:
Instrumentos – Critérios.

3. Plano de unidade

3.1. Elementos
I. Título: (Foco, assunto central ou ideia integradora)
    – pode ser sugerido pelo professor e/ou alunos,
    – pode decorrer de unidade anterior ou fatos ocasionais,

– deve ser sugestivo, permitindo o despertar de necessidades, interesses e oportunizando atividades diversas além de experiências significativas.
– pode ser apresentado em forma de pergunta ou problemas, sugerir o conteúdo e finalidade do mesmo.

II. Duração:
Deve ser flexível, observando-se o interesse dos alunos, faixa etária, maturidade.
Aconselha-se que seja desenvolvido no prazo mínimo de uma semana e máximo de 30 dias.

II. Fases de execução:
3.1. Atividades iniciais (síncrese).
3.2. Atividades de desenvolvimento (análise).
3.3. Atividades finais (integração e avaliação).

IV. Culminância: Todo plano de unidade apresenta uma atividade culminante, esta poderá ocorrer antes de iniciar o plano, durante ou ao final do mesmo. Por exemplo a decisão para o início das atividades poderá surgir após uma excursão, assistência a um filme, participação do grupo em alguma festividade ou outra possibilidade qualquer que seja ou tenha sido de real significação para os envolvidos no contexto.

Outra opção consiste numa previsão objetiva e precisa do período necessário para o aprendizado do conteúdo e numa conclusão de destaque que integre as experiências vivenciadas para comemorar o término da unidade.

A culminância não precisa, como ocorre no projeto, coincidir com as atividades finais; estas, por sua vez, se constituem de dois momentos: integração e avaliação. Os objetivos propostos expressos em atividades integradoras podem ser manifestos através de exposições, organização de quadros sinópticos, resumos, discussões, dramatizações, elaboração de esquemas no quadro, programas de auditório ou televisão, excursões, festividades, quadros-vivos, elaboração de relatórios, etc. Além da integração deve ser feita avaliação que poderá ocorrer por meio de testes, provas, autoavaliação, avaliação-cooperativa, observação direta do professor ou ainda pela apreciação do trabalho dos alunos. Esta avaliação é também integradora, não se dispensa, no entanto, a avaliação formativa, isto é, a que ocorrerá durante o desenvolvimento dos trabalhos.

3.2. Sugestões de roteiros para plano de unidade
Esquema 1: DADOS DE IDENTIFICAÇÃO
Escola:
Turma: Turno: Ano:
Profª: N. de alunos:
Data inicial: Término da Unidade:

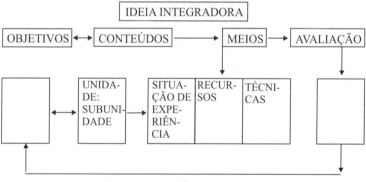

NA REALIZAÇÃO (*Feedback*)

Esquema 2: PLANO DE UNIDADE
I. Dados de identificação:
Escola: Disciplina: Turma:
Endereço:
CEP: Telefone:
Professor:
Características do grupo:
Data: Início: Término: Duração provável:
Ano:
Disciplina:
Bimestre:

II. Distribuição de tempo:
Aulas teóricas:
Aulas práticas:
Número de avaliações:
Data das avaliações:
Aulas para *feedback*:

III. Ideia integradora:

IV. Objetivos:
a) quanto ao conteúdo da matéria:
b) quanto às habilidades mentais:
c) quanto às atitudes:

V. Atividades introdutórias:
Linha operacional – Recursos

VI. Desenvolvimento:

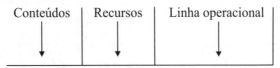

VII. Atividades finais:
a) Integração
b) Avaliação

VIII. Feedback (Realização).

Esquema 1:

4. PLANO DE AULA

Observações:
Esquema 2:

I. Dados de identificação:
Escola:
Endereço:
Professor:
Características do grupo:
- sexo M:
- sexo F:
- classe social:
- turno:
- tipo de escola:
Data:

II. Foco:
Caracterização, ideias centrais ou assuntos da aula.
Qual a lição de hoje?

III. Objetivos:
O que meus alunos deverão fazer para comprovar o binômio ensino-aprendizagem?

IV. Atividades de aprendizagem:
a) Atividade inicial: incentivo:
O que usarei para despertar e manter o interesse de meus alunos para com esta aula?
b) Atividades de desenvolvimento:
– Introdução (síncrese).
– Desenvolvimento (análise).
– Conclusão (síntese).
c) Atividades de avaliação:
Que instrumentos e critérios utilizarei para confirmar que os objetivos foram alcançados?

V. Referências bibliográficas:

VI. Observações:

Esquema 3:
I. *Dados de identificação:*
II. *Ideia central:*
III. *Objetivos:*
IV. *Procedimentos:* Atividades, Técnicas,

V. *Recursos:*
VI. *Avaliação:*
VII. *Observações:* (Surgiu algum fato que precisa ser anotado? O plano foi todo desenvolvido? Etc.)

Esquema 4:
Dados de identificação:

Objetivos	Conteúdos	Estratégias (métodos e técnicas)	Recursos	Avaliação
				Instrumentos: Critérios (qualitativos e quantitativos)

IV. Apêndice

A. Projeto alternativo de alfabetização
Lúcia Rosane de Oliveira Souza

1. Apresentação

O presente projeto, implantado no Arquipélago de Porto Alegre, especificamente na ILHA GRANDE DOS MARINHEIROS, através da Escola Estadual Alvarenga Peixoto e da participação da comunidade, traz como proposta alternativa, a *alfabetização de crianças e adolescentes fora da escola* oportunizando uma experiência metodológica que possibilite o resgate do processo de ensino-aprendizagem, com uma educação adequada à sua realidade cultural e social.

Pretende-se também a busca de soluções para diminuir a evasão escolar, evitar a tendência seletiva do sistema educacional e situar-se como um instrumento de prevenção da marginalidade, envolvendo nesse processo a própria comunidade, os agentes sociais que atuam nesse meio, os educadores identificados com a educação popular, a Delegacia e Secretaria de Educação, através de reuniões, seminários, assembleias, contatos informais que possibilitem a discussão ampla, crítica e criativa do projeto no confronto com a prática.

Responsável pela elaboração e execução deste projeto, numa ação conjunta com a Professora Maria das Graças Silveira, alfabetizadora, e apoio especial da direção da escola, bem como a assessoria pedagógica de educadores engajados em educação popular, espero estar respondendo aos objetivos propostos e o submeto à apreciação da proposta e dos resultados obtidos até aqui à Professora Ilza Marques Sant'Ana, coordenadora da Prática de Ensino Fundamental da **Fapa** e à comunidade em geral. Conto especialmente com a comunidade da ILHA GRANDE DOS MARINHEIROS.

2. Justificativa

O PROJETO ALTERNATIVO DE ALFABETIZAÇÃO DO ALVARENGA PEIXOTO constitui-se numa resposta às urgências da atual política educacional, em seu aspecto de atendimento às classes populares.

Destina-se a atender crianças e adolescentes em idade escolar, que se encontram evadidas ou nunca passaram pela escola de ensino regular, por fatores diversos, de acordo com a realidade diagnosticada, expressa no presente relatório e nas constatações que seguem:

a) O alto índice de carência socioeconômica das crianças e adolescentes, ocasionando carência afetiva, falta de higiene, desnutrição, doenças, agressividade, infrequência, evasão, repetência, marginalidade.

b) O aumento significativo de crianças e adolescentes fora de aprendizagem, requerendo assistência, devido ao não atendimento de suas necessidades vitais.

c) A falta de disponibilidade e instrumentalização do professor para atender o aluno da classe popular, prejudicado por suas carências.

d) A falta de uma metodologia específica para atender as características desta clientela.

e) A escola funciona com base no regimento outorgado e segue um currículo pré-estabelecido que não se adequa às classes populares.

f) A escola apresenta um alto índice de reprovação, com uma porcentagem de 60-70% ao ano.

g) Problemas técnico-pedagógicos e administrativos e todas as instâncias educacionais que funcionam como "mecanismos de seleção", impedindo o acesso ou expulsando sutilmente as crianças e adolescentes que mais precisam e esperam da Escola Pública.

h) As características étnico-culturais (organização social, costumes, linguagem, crenças, tradições) exigem um processo próprio de educação, capaz de evitar, inclusive, o extermínio pela "invasão" cultural.

i) Migração e instabilidade de moradia, devido às enchentes e às condições socioeconômicas.

j) Desestruturação familiar.

k) A não escolaridade dos adultos, marcada por um alto índice de analfabetismo, desestimula a aprendizagem das novas gerações.

l) A luta pela sobrevivência dá-se pela catação do lixo, ficando à margem das relações econômicas.

m) A discriminação e o forte preconceito social existente entre os nativos da ilha e os favelados, bem como o alto índice de marginalização e agressividade, chegando a agressões físicas, determinam o não acesso à escola e/ou evasão da mesma.

Esta é uma proposta com base na Constituição Nacional, segundo os artigos, que visam garantir "A educação como direito de todos..." e "igualdade de condições para o acesso e permanência na escola", com "ensino obrigatório e gratuito", inclusive para os que a ele não tiveram acesso na idade própria.

3. OBJETIVO GERAL

Oportunizar às crianças e adolescentes não alfabetizados uma alternativa escolar aberta, flexível, não formal, dando especial relevo à promoção humana, através de uma nova metodologia que possibilite ao aluno a construção de conhecimentos e o desenvolvimento de habilidades que o torne capaz de se integrar na sociedade como sujeito participante, crítico e criativo.

4. OBJETIVOS ESPECÍFICOS

1. Desenvolver com as crianças e adolescentes atividades educativas e culturais diversificadas, de acordo com seus interesses, necessidades e níveis de aprendizagem, devidamente diagnosticados.
2. Proporcionar reflexão sobre as condições de vida dos papeleiros da ilha, apresentando uma nova abordagem de alfabetização dentro do contexto de trabalho, em que se dá a luta pela sobrevivência desta clientela.
3. Respeitar, aproveitar e valorizar a experiência de vida e cultura deste meio, utilizando-o para o desenvolvimento do processo ensino-aprendizagem, levantando cooperativamente alternativas de solução para seus problemas.
4. Desenvolver atividades socioculturais e educativas com a coparticipação da comunidade, visando a sua promoção dentro e uma consciência de cidadania.
5. Elaborar um novo currículo que atenda o aluno com defasagem entre a idade cronológica e a escolaridade, a partir de sua realidade.
6. Comprometer a 1ª D.E. em instrumentalizar professor ou outros profissionais que optarem pelo trabalho específico com essas classes.
7. Criar condições para a construção de um ambiente cooperativo, favorável ao resgate de sentimentos afetivos e construtivos, fundamentais para uma boa relação interpessoal e comunitária.
8. Comprometer a Secretaria de Educação, através da 1ª D.E., com vistas a garantia de recursos técnico-pedagógicos para o desenvolvimento da proposta.

9. Prestar assistência nutricional, garantindo a merenda escolar diariamente para desjejum, almoço e lanches.

10. Encaminhar os alunos que necessitam de assistência médico-odontológica e psicológica, através dos recursos que a comunidade dispõe e outros órgãos de assistência ao educando.

11. Dispor de verbas e outros recursos para a concretização do projeto, através de entidades assistenciais.

12. Desenvolver a referida proposta de alfabetização, atendendo o ritmo de aprendizagem do aluno.

13. Confrontar, periodicamente, o desenvolvimento do projeto com a comunidade, através de assembleias e grupos de reflexão, numa relação teoria e prática.

14. Oportunizar a reflexão sobre a prática pedagógica da escola com vista ao resgate de sua função social e compromisso com a comunidade.

15. Favorecer a integração ou reintegração do aluno no ensino regular.

5. Desenvolvimento da Proposta Pedagógica

5.1. Metodologia

A PROPOSTA PEDAGÓGICA visa desenvolver o ensino, criando condições e situações desafiadoras para que o aluno construa o seu próprio conhecimento na interação com o meio, através de experiências concretas, numa relação teoria e prática.

Aprender baseando-se em hipóteses, a partir do questionamento de suas necessidades reais. Aprender para melhorar seu ambiente, suas condições de vida, suas relações sociais, portanto, um ensino crítico e criativo da realidade.

Nesta proposta consideramos fundamental a aprendizagem como processo, com o ensino globalizado, trabalhando a partir dos centros de interesses da clientela, através das práticas de observação, associação e expressão, extraindo dessas práticas os conteúdos e palavras "geradoras".

Faz-se necessário enfatizar os conteúdos dentro do contexto social e cultural do aluno, oportunizando a leitura de sua própria realidade, a leitura da história das ilhas, seu contexto e trabalho, como se dão as organizações aí existentes, principalmente o Conselho de Moradores e o Clube de Mães, pois a verdadeira aprendizagem só se efetiva de forma ampla, atingindo a pessoa na sua totalidade, quando situada historicamente.

Oferecer uma prática educativa integrada às condições de vida da comunidade, dando ao aluno oportunidade de: ser amado, ser ouvido, ser respeitado, criar, escolher decidir, sonhar, brincar, trabalhar e participar ativamente nas lutas, decisões e na vida de sua comunidade, a partir da análise crítica da realidade.

O brinquedo, a recreação e o lazer estarão presentes no cotidiano do aluno, como forma de realização de aprendizagens.

Serão oferecidos atividades socioeducativas e culturais para a comunidade. As atividades serão planejadas de forma cooperativa, levando em consideração as necessidades, interesses e problemas da comunidade.

Portanto, por um ensino consciente, valorizamos a pessoa, sua qualidade de vida, seu meio, seus recursos, suas organizações e damos ênfase à continuação do saber que deve constituir-se numa descoberta de situações novas.

"É preciso uma decisão consciente, muita mística, muita garra, para estabelecer uma Pedagogia de Direitos numa Sociedade de Conflitos, onde só na luta se espera com esperança" (Paulo Freire).

"Podemos dizer que na pedagogia de direitos há uma pedagogia da indignação, uma pedagogia da solidariedade e uma pedagogia do conflito.

Esta pedagogia não cria dependência, nem submissão.
Esta pedagogia não estimula revolta desordenada e destruidora.
Esta pedagogia se contrapõe à pedagogia autoritária e esmoleira.
Não é, pois, uma prática de comiseração com crianças 'carentes'.
Trata-se de uma ação de resgate dos direitos ultrajados.
Educar é agir criando condições para que as meninas e meninos tomem sua história na mão. A criança é sujeito de direitos e não objeto de intervenção ou comiseração.
Esta pedagogia suscita lutadores solidários. Ela revoluciona o educador, fazendo dele um militante".

5.2. Referências teóricas

Consideramos fundamental explicitar que o presente projeto não se limita a apenas uma linha teórica, nem privilegia um único método. Inspira-se em vários teóricos, dentre os quais destacamos: Piaget, Paulo Freire, Madalena Freire, Freinet, Emília Ferreira, Decroly, Gramsci, Didelcoff e Makarenko.

5.3. Estrutura de apoio

Conta-se com a *Secretaria da Educação*, quanto ao provimento de:
– Recursos humanos (pessoal docente e serviços de apoio);
– Recursos didático-pedagógicos;
– Alimentação (desjejum, lanches e almoço);
– Assistência à saúde.

5.4. Integração com a comunidade

O projeto pretende contar com a participação da comunidade para o planejamento de atividades de acordo com a proposta pedagógica e melhor explorar os recursos desse meio, necessários a um aprendizado mais eficaz para o aluno, através de visitas às famílias, entrevistas, reuniões, assembleias, etc.

5.5. Procedimentos
• *Quanto ao funcionamento:* A etapa a ser desenvolvida na presente proposta corresponde ao 1º ano do ensino fundamental, sem duração pré-definida, equivalente ao ritmo de aprendizagem de cada aluno, através de ensino globalizado.
• *Ingresso e duração:* O ingresso do aluno poderá ocorrer em qualquer época do ano, tendo flexibilidade de horário e de frequência, conforme suas necessidades de aprendizagem e disponibilidade, considerando a sua realidade.

5.6. Recursos humanos
Farão parte do corpo técnico-pedagógico da proposta profissionais comprometidos com a mudança da realidade das classes populares.

5.7. Clientela
Participação do projeto crianças e adolescentes não alfabetizados, fora da escola, como evadidos ou que não passaram pelo ensino regular, preferencialmente os que apresentarem distorção idade/ano escolar.

5.8. Organização das turmas
Considerando a complexidade da clientela e o espaço físico disponível, a turma deverá ser formada de 15 alunos no máximo.

5.9. Avaliação do rendimento
• A avaliação será um processo contínuo, visando acompanhar o progresso do aluno e suas dificuldades de

aprendizagem. Será realizada de forma cooperativa, participando o aluno, os professores e todos os elementos evolvidos no processo.
- A ênfase será dada aos aspectos qualitativos.
- Havendo domínio dos requisitos correspondentes ao 1º ano do ensino fundamental, o aluno será promovido para a série posterior.

5.10. Forma ou expressão dos resultados
Os resultados serão expressos, através de *Parecer descritivo*, considerando os aspectos cognitivos, afetivos e psicomotores, sendo encaminhados à *secretaria da escola* com vistas ao *histórico escolar*, de acordo com o regimento, salvaguardando os princípios do projeto.

5.11. Acompanhamento e avaliação do projeto
Periodicamente será realizada uma reunião de avaliação, com a participação das professoras, equipe técnico-pedagógica, direção da escola, representantes dos alunos, membros da comunidade e comissão de elaboração e reflexão da proposta, e/ou em assembleias envolvendo todas as pessoas interessadas, oportunizando o confronto da proposta com a prática para a percepção dos resultados e discriminação das dificuldades, buscando em conjunto alternativas de solução para os problemas apresentados.

6. Plano de unidade

6.1. Tema gerador
A festa das mães

6.2. Duração
02 a 12 de maio

6.3. Justificativa

Delimitei o registro deste início da concretização do PROJETO ALTERNATIVO DE ALFABETIZAÇÃO, ao que foi desenvolvido com base no interesse dos alunos, no sentido de celebrar a FESTA DAS MÃES e responder uma das intenções do projeto, em oportunizar neste início de trabalho um encontro informal com as mães e pessoas da comunidade, através de uma confraternização.

Acredito que no conjunto das atividades desenvolvidas, a partir do tema enfocado e no encontro concreto com as mães e pessoas deste meio, através do que verbalizam ou não verbalizam, é possível chegar a uma leitura mais concreta da realidade dos meninos e meninas participantes do PROJETO e de suas famílias.

6.4. Objetivo

Preparar cooperativamente a FESTA DAS MÃES, criando condições favoráveis de aprendizagem, criatividade e maior conhecimento da realidade deste meio.

6.5. Conteúdos

– Motricidade fina e ampla.
– Desenho, recorte, colagem, dobradura.
– Expressão oral e escrita (iniciando a produção de textos).
– Noção de qualidades e ações.
– Pessoas que moram conosco – família.
– Formas geométricas: quadrado, triângulo, retângulo e círculo.
– Introdução de palavras: mamãe, casa, bolo.
– Formação de frases.
– Noção espacial e temporal.
– Formação de hábitos sociais e da higiene do ambiente.
– Assimilação de mensagens.

6.6. Procedimentos

1. Entrevistar a MÃE ou a pessoa que representa a MÃE na sua casa: Nome, idade, trabalho, nº de filhos.
2. Desenhar o retrato da mamãe e identificar *nome* e *idade*.
3. Desenhar a mamãe no seu trabalho e fazer a leitura do próprio desenho.
4. Confeccionar o livrinho da mamãe:
   – O retrato da mamãe.
   – Expressar oralmente as qualidades da mamãe (a professora escreve com as mesmas palavras).
   – Uma invenção legal para a mamãe.
   – Desenhar: o presente que gostaria de dar à mamãe (coisas que a mamãe precisa).
   • O que a mamãe faz pensando nos filhos.
   – Coisas que a mamãe usa.
5. Confeccionar a capa do livrinho com recortes, dobraduras e colagem.
6. Leitura oral dos desenhos do livrinho (a professora escreve com as mesmas palavras do aluno).
7. Introduzir a palavra: MAMÃE – M
                          mamãe – m
8. Escrever a frase: Eu amo a mamãe.
9. Recortar de revistas gravuras de mães nas várias etapas da vida e colocar em sequência de acordo com a própria percepção.
10. Confeccionar com dobradura uma casa, desenhando dentro as pessoas que moram com você e observando a sequência de idade (começando do mais velho ao mais jovem).
11. Explorar as formas geométricas: quadrado, triângulo, retângulo e círculo, da casa em dobradura e nos desenhos das pessoas que estão dentro da casa.
12. Fazer a leitura do ambiente e do próprio corpo, identificado as formas: quadrado, triângulo, retângulo e círculo.

13. Desenhar a sua casa e o trajeto percorrido até a escola.
14. Introduzir a palavra: CASA – C
  casa – c
15. Escrever a frase: A mamãe mora na casa.
16. Programar a FESTA DAS MÃES e executar:
 – A ornamentação e limpeza do ambiente.
 – A escolha de músicas (cantinhos).
 – Os "comes e bebes".
 – A preparação do bolo.
17. Convidar oralmente as mães para a festa, identificando data, horário e local.
18. Introdução da palavra: BOLO – B
  bolo – b
19. Atividades de fixação

6.7. Recursos

- Humanos: Professores, alunos, direção, colaboradores.
- Materiais: tinta, folhas, tesoura, lápis comum e de cor, revistas, cola, papel colorido, toca-disco e discos.
- Físicos: sala de aula e cozinha.

6.8. Culminância

– Realização da festa.
– Acolhida das mães e pessoas convidadas pelos próprios alunos.
– Exposição dos trabalhos confeccionados.
– Apresentação de músicas com expressão corporal e ritmo.
– Entrega e flores e presentes.
– A partilha do bolo.
– Confraternização.
– Registro da festa pelos alunos, através de desenhos e leitura dos mesmos.

6.9. Avaliação

A realização deste subprojeto será considerado satisfatório se responder, através das atividades desenvolvidas, ao projeto previsto.

7. Autoavaliação

Confrontando a minha prática pedagógica com a proposta do PROJETO, numa atitude de abertura aos desafios daquela realidade, tenho a percepção de ter atingido os objetivos dentro do processo de desenvolvimento em que se encontra o projeto.

Participei integralmente na elaboração e execução desta proposta estando presente e atuando ativamente em todas as práticas pedagógicas junto aos alunos, tanto a nível de sala e aula como nas atividades de rua e de pátio.

Pequenas transformações foram sendo processadas nas relações que estabeleço com os alunos, à medida que fui aprofundando o conhecimento da realidade daquele meio.

* Maior sensibilidade à individualidade de cada um, procurando responder à grande heterogeneidade do grupo quanto aos vários níveis de maturidade e aprendizagem, sem deixar de reforçar a integração do grupo como um todo.

* Intensifiquei a convivência com o grupo nos vários momentos (sala, refeitório, pátio, recreio) procurando desenvolver maior sensibilidade.

* Procurei reforçar positivamente com elogios as boas atitudes e conquistas do grupo sem fixar-me apenas nas situações problemas.

* Desafiando o grupo como o todo na descoberta de sua força e potencialidades.

* Despertando-os para a construção de sua própria aprendizagem, evitando dar respostas prontas numa relação de cima para baixo.

Quanto ao processo de ensino-aprendizagem, propriamente dito, procurei criar condições favoráveis, através de recursos e técnicas variadas, estando sobretudo aberta às motivações e interesses apresentados pelo grupo.

Observando o comportamento inicial do grupo frente à própria aprendizagem, percebi bons avanços dentro do processo, variando de acordo com a realidade de cada aluno, o que levou-me a considerar que a metodologia vivenciada pelo grupo oportunizou condições de aprendizagem.

Sinto-me inteiramente motivada frente a esta experiência pedagógica, sobretudo pelos desafios que foram sendo despertados no contato com a realidade, colocando-me em atitude de pesquisa e aprofundamento, na descoberta de saídas para os vários problemas, muito reais na vida dos meninos e meninas deste meio.

B. Projeto

1. Dados de Identificação

1.1. Título do Projeto: SEMANA DE ESTUDOS SOBRE O ENSINO FUNDAMENTAL.

1.2. Órgãos

1.2.1. Promotores
Departamento de Assuntos Universitários da Secretaria de Educação e Cultura (DAU/SEC); Faculdade de Filosofia Nossa Senhora da Imaculada Conceição (Fafimc); Diretório Acadêmico Tristão de Atayde.

1.2.2. Executores: Professores e alunos do Curso de Pedagogia da FAFIMC.

2. Descrição do Projeto

2.1. Justificativas
Considerando que:
– o Curso de Pedagogia da Fafimc prepara Orientadores e Supervisores para as escolas fundamentais e docentes para a terminalidade do magistério;
– a maioria de seus alunos atuam em escolas de Ensino Fundamental;
– como todo o universo da educação, a escola carece de revisão e propostas de novas alternativas;
– professores de escolas estaduais e municipais de Viamão manifestaram desejo de atualização didático-pedagógica.
Justifica-se o presente projeto, que se propõe dar oportunidade aos alunos dos cursos de pedagogia da

Fafimc e professores de Ensino Fundamental das escolas estaduais e municipais de Viamão na aquisição de um espaço próprio para discussões e debates sobre a realidade educacional do Ensino Fundamental, bem como levantar estratégias específicas para o aperfeiçoamento do processo ensino-aprendizagem.

2.2. Objetivos
2.2.1. Geral: Oportunizar a análise e debates do ensino fundamental e a adequação do Curso de Pedagogia da Fafimc à realidade deste ensino.

2.2.2. Específicos
– proporcionar oportunidades através de questionamentos e sugestões para ir ao encontro de uma realidade na prática pedagógica;
– relacionar o ensino ministrado no Curso de Pedagogia da Fafimc à realidade atual vivenciada pelo educando no contexto do Ensino Fundamental em que está inserido.
– buscar novas estratégias para o Ensino Fundamental dentro da realidade da abrangência da Fafimc;
– repensar e dinamizar os objetivos e a formação do professor para o Ensino Fundamental e do especialista para atuar neste nível;
– oferecer subsídios pedagógicos aos professores de 1º Grau.

3. TÁTICA

3.1. Área de influência: Alunos do Curso de Pedagogia da Fafimc e Professores do Ensino Fundamental das escolas estaduais e municipais de Viamão.

3.2. Duração do evento: 1º semestre, na segunda quinzena de 2ª a 2ª-feira, à noite, num total de 20 horas.

3.3. Metas físicas: O projeto consta de:
- Organização do projeto: setembro/outubro;
- Preparação do projeto: março/abril;
- Execução do projeto: 2ª quinzena de maio.

3.4. Recursos

3.4.1. Humanos: Professores da Fafimc e palestrantes convidados de outras instituições.

3.4.2. Financeiros: DAU/SEC e Fafimc.

3.4.3. Custos

– Palestrantes	R$
– Alimentação	R$
– Material de Consumo	R$
– Serviços (mecanografia/reprografia)	R$
– Transporte	R$
– Estada	R$
CUSTO TOTAL	R$

NB: Os valores relativos aos custos dos eventos não foram colocados em decorrência das diversificações de despesas quanto a estadia, inclusão ou não de alimentação, quantificação do material de consumo, de pessoal de apoio, transporte e exigências por parte do próprio palestrante.

4. IMPLEMENTAÇÃO DO PROJETO

Etapas	Atividades	Local	Cronograma	Recursos Humanos envolvidos
Organização	– Contato com a direção e professores da Fafimc para estudo da viabilidade do evento.	Fafimc	2ª quinzena de agosto	Direção Professores Diretório Acadêmico
	– Levantamento dos recursos necessários	Diretório Acadêmico	1ª quinzena de setembro	Professores e alunos do 3º sem. do Curso de Pedagogia
	– Planejamento do evento: • Definição dos objetivos • Organização da metodologia de trabalho	Fafimc	2ª quinzena de setembro	Professores municipais e estaduais do ensino fundamental de Viamão Professores e alunos do 3º sem. da Fafimc
Preparação	– Organização das atividades a serem desenvolvidas para a execução do projeto: • contato com os palestrantes e debatedores • preparação do local • elaboração do material de divulgação • organização do programa • encaminhar convites e programa	Fafimc e Diretório Acadêmico	março 1ª quinzena	Professores e alunos do 4º sem. do Curso de Pedagogia
Execução	– Execução propriamente dita da semana de Estudos sobre o Ensino Fundamental	Auditório da Fafimc	2ª quinzena de maio	Professores e alunos da Fafimc Professores do ensino fundamental de Viamão
Avaliação	– Reunião para fins de Avaliação	Fafimc	Após a realização do evento	Professores, direção, alunos, Diretório Acadêmico, palestrantes

V. Glossário

Na intenção de uma comunicação eficaz e eficiente entre leitor e as informações pretendidas, elaboramos um registro de conceitos-chaves.

O domínio dos elementos conceituais arrolados constituem a *back-ground* de toda uma estrutura de trabalho, é um roteiro amplo com ideias gerais, apresentados de modo global.

Nossa expectativa é que favoreçam a compreensão dos princípios e processos expressos na parte teórica e permitam com maior certeza o alcance dos objetivos propostos.

Modelo: Representação simplificada de uma realidade, de forma a permitir exame mais profundo ou melhor manipulação da mesma. Objetos, imagens, descrições verbais, abstrações tais como esquemas, figuras e esboços podem funcionar como modelos.

Sondagem: Processo de investigação ou pesquisa da realidade para a partir de sua situação pensar e preparar uma ação consciente, realista, organizada e apropriada para aquela situação determinada.

Conteúdos: Informações, conceitos básicos, atitudes, hábitos e habilidades a serem dominados pelo educando (fatos, conceitos, princípios, processos específicos).

Metolodogia

Objetivos: Comportamentos a serem desenvolvidos nos alunos:
a) Educacionais: resultados previstos pela escola a serem atingidos numa área de estudo.
b) Instrucionais: mudanças específicas de comportamento.

Avaliação: se constitui por critérios e instrumentos que permitam um diagnóstico do ensino-aprendizagem, permitindo ao professor aprimorar suas ações e ao aluno conscientização de sua aprendizagem.

Planejamento: Processo de tomada de decisões informadas na realidade, tendo em vista responder a necessidades cujo atendimento é prioritário para o desempenho de um sistema.

(Guia para planejamento curricular, SEC).

As ideias de planejamento são discutidas amplamente em nossos dias. Para alguns o conteúdo da palavra planejamento tem sido esvaziado de tal maneira que significa apenas um golpe de vista, tendo perdido sua acepção mais vasta (Arthur Hilman).

"Planejamento é um processo de racionalização composto de várias etapas interdependentes visando objetivos e metas" (Inda).

"O planejamento tem, particularmente, a função de determinar, ao mesmo tempo, meios e fins. Sem essa recíproca determinação, a ação só se dirige a objetivos limitados que não têm significação para além deles mesmos, enquanto que a aspiração se perde em fantasia, sem contato com o mundo" (Abrahan Raplan).

Planejar é prever o que se quer alcançar, com que elementos, com quais estratégias e para que, buscando uma resposta segura para ideias e ideais previstos, através de um questionamento global sobre a melhor maneira de concretizarmos o que pretendemos. Sendo aconselhável buscarmos as soluções alternativas em equipe, de forma integrada e inteirada, a fim de que a canalização da ideia para a ação se processe com uma margem mínima de desvios (Ilza Martins Sant'Anna).

Plano: "Instrumento que registra as decisões tomadas em termos de objetivos, conteúdos, estratégias e avaliação para cada etapa de ensino, em função de prioridades detectadas em classe" (Guia para planejamento curricular – SEC).

"É a resposta do planejamento. É o documento que registra de forma selecionada e ordenada o uso dos meios e ações previstas no planejamento" (I.M.S.).

"Elaborar um plano é formular sistematicamente uma série de decisões integradas em uma política previamente estabelecida, que exprima os propósitos da instituição e estabeleça os meios de alcançá-los" (Amaury Pereira Muniz).

"O plano é a visualização do planejamento" (Arnaldo Niskier).

Segundo Lourenço Filho: "autores há que subordinam a ideia de plano à de projeto, e a de programa à de plano. Outros entendem que o verbo planificar (traçar ou desenhar num só plano, ou em vários deles combinadamente), pode ser tomado como palavra que a tudo isso possa abranger. A planificação subentenderia, portanto, um projeto inicial, um delineamento geral e a descrição minuciosa dos aspectos instrumentais e operativos. Essa descrição seria, então, a programação apresentada de modo geral, ou discriminada em programas paralelos para execução simultânea, combinada".

Nós particularmente entendemos projeto como uma forma específica de plano e que um programa poderia estar incluso, preceder a um projeto ou outra forma diferente de plano, estando condicionado às necessidades que surgirem.

Para Newman, "um programa geral consiste normalmente em uma série de fases e cada uma delas se converte em um projeto ou em um programa especial".

Projetos: apresentam elucidação completa sobre o desenvolvimento que se pretende dar a determinada operação. Ex.: Projeto do Porto de Tubarão (N. Tornaghi).

Programas: "Um programa principal mostra as fases mais importantes que devem ser compreendidas, com uma estimativa dos respectivos prazos, para se atingir um objetivo" (W.H. Newman).

Programas gerais: "Caracterizam-se pela grande extensão e pequena compreensão. Seu cronograma lança-se em termos aproximados: aqui não se fixam instantes para agir, mas épocas prováveis em que os fenômenos devem desenvolver-se; são vazados em traços largos, abrangendo muita matéria, mas omitindo pormenores. Ex.: O plano de ação econômica do governo" (N. Tornaghi).

"O programa de ação é ao mesmo tempo o resultado visado, a linha de conduta a seguir, as etapas a vencer, os meios a empregar. É uma espécie de quadro do futuro, em que os acontecimentos próximos figuram com certa clareza, e os acontecimentos distantes surgem mais ou menos vagos" (A. da S. Ferreira)

Metas: Segundo W.H. Newman "as metas possuem múltiplos propósitos, na administração. São elas vitais no processo de planejamento, auxiliam a descentralização, proveem base para a motivação individual e são também elementos essenciais no processo de controle".

Segundo N. Tornaghi: "Metas são também chamadas missões, padrões, alvos, objetivos, propósitos, quotas, *standars*, *deadlines*, *goals*, são planos definidos em termos e resultados pretendidos".

São metas, por exemplo: a resolução de aumentar de 20% a produção de determinada oficina; a determinação de apresentar um relatório em data certa; a intenção de reduzir progressivamente a taxa de mão de obra não qualificada no corpo social de uma empresa.

Num esforço para classificar as inúmeras modalidades de metas, que podem, em geral, apresentar-se, distinguiremos três grupos:

a) as Missões: Metas propostas em termos de empreendimentos a realizar. Ex.: "Mensagem a Garcia".

b) os Alvos: Metas definidas pelos objetivos a atingir. Ex.: quotas, datas fatais.

c) os padrões de comportamento: Metas sugeridas pela indicação de atitudes esperadas. Ex.: campanha contra o absenteísmo, campanha pela redução dos acidentes pessoais.

Unidade de trabalho: "[...] é um aspecto do ambiente ou de uma disciplina organizada, de tal modo que possa ser mas compreendida que memorizada" (Morrison).

"Uma unidade de trabalho é um conjunto de experiências desenvolvidas ao redor de um assunto central que desperta o interesse dos alunos; um fato qualquer pode servir de ponto de partida; atividades, que depois se proponham, manterão e aprofundarão uma desejável atitude dos alunos em aprender; as questões que suscitem em tal situação permitem desenvolver-lhes os conhecimentos, praticamente em todos os ramos do saber ou disciplinas; ademais, o aproveitamento de seus meios de expressão, em conexão com o assunto, facilitando de modo vivo e eficaz os exercícios requeridos pelos programas de ensino" (James Tippet).

BIBLIOGRAFIA

AGUILAR, José Antônio; BLOOK, Alberto. *Planeación escolar y formulación de proyectos*. México: Trillas, 1977.

ARDUINI, Juvenal. *Homem libertação*. 2. ed. São Paulo: Paulinas, 1975.

BARRETO, Elba Sá. *Ensino de 1º e 2º graus*: Intenção e realidade. São Paulo: Fundação Carlos Chagas/CNPq, 1980.

BERLO, K. David. *O processo da comunicação*. Centro de Publicação, Usaid.

BORDENAVE, Juan Diaz; Martins Pereira, Adair. *Estratégias de ensino aprendizagem*. 3. ed. Petrópolis: Vozes, 1980.

CENTRO PARA LA INVESTIGACIÓN E INNOVACIÓN EN LA ENSEÑANZA. *El currículum para 1980*. Buenos Aires: Marymar, 1974.

CHURCHMAN, C. West. *Introdução à teoria dos sistemas*. Petrópolis: Vozes, 1971.

CONSELHO EPISCOPAL LATINO-AMERICANO (Celam). *A Igreja na atual transformação da América Latina à luz do concílio*: conclusões de Medellín. Petrópolis: Vozes, 1969.

DEWEY, John. *Como pensamos*. São Paulo: Nacional, 1953.

DIRETRIZES CURRICULARES ENSINO DE 2º GRAU. Educação Geral, Revista SEC-RS, 1976.

ENRICONE, Délcia et al. *Planejamento de ensino e avaliação*. Porto Alegre: Emma, 1975.

FAURE, Edgar et al. *Aprender a ser*. Lisboa: Bertrand, 1974.

FAZENDA, Arantes; Ivani Catarina, R. Lima, Maria de Lourdes e outros. *Um desafio para a didática* – Experiências, vivências, pesquisas. São Paulo: Loyola, 1988.

FERREIRA, Maria Luiza de A.C. *Formação e desenvolvimento de conceitos*. Belo Horizonte: Instituto de Educação/Pabaee, 1963.

FERREIRA, Osvaldo de Melo. *Teoria e prática do planejamento educacional.* Porto Alegre: Globo, 1969.

FLEMING, Robert S. (org.). *Currículo Moderno*: um planejamento dinâmico das mais avançadas técnicas de ensino. Rio de Janeiro: Lidador, 1970.

FLEMING, Robert S. *Currículo Moderno.* Tradução de Marina e Maria Eleonora Brant. Rio de Janeiro: Lidador, 1970. .

FREIRE, Paulo. *Educação como prática da liberdade.* 7. ed. Rio de Janeiro: Paz e Terra, 1977.

FURTER, Pierre. *Educação e reflexão.* 7. ed. Petrópolis: Vozes, 1973.

GAGNÉ, Robert M. *Como se realiza a aprendizagem.* Rio de Janeiro: Livro Técnico, 1971.

ORGANIZATION DE COOPERATION ET DE DEVELOPPEMENT ECONOMIQUES, 1977. Inventários de Jean Piaget. Lisboa: Estampa, 1981.

LIMA, Lauro de Oliveira. *Pedagogia*: Reprodução ou transformação. 2. ed. São Paulo: Brasiliense, s.d.

MARTINEZ, M.J.; LAHONE, C. Oliveira. *Planejamento escolar.* São Paulo: Saraiva, 1977.

MENEGOLLA, Maximiliano. *Planejamento curricular numa perspectiva humana.* Porto Alegre: PUC-RS, 1978.

MILANESI, Susana Buigues de. *Planeamiento del Curriculo.* Lima: Centro de Provección Cristiana [s.n.t.].

MOSQUERA, Juan J.M. *Psicologia social do ensino.* 2.ed. [s.l.]: Sulina, 1974.

MOTTA, Fernando C.P. *Teoria geral da administração.* 12. ed. São Paulo: Biblioteca Pioneira de Administração e Negócios.

MURSELL, James L. *Development teaching.* New York, London, Toronto: Longmans, Green, 1955.

PARRA, Nélio. *Planejamento de currículo.* Revista Escola. N. 5. São Paulo: Abril, 1972.

PIAGET, Jean. *Psicologia da inteligência*. Rio e Janeiro: Fundo de Cultura, 1961.

Planejamento e organização do ensino. Um manual programado para o treinamento do professor universitário – Laboratório de ensino superior. Faculdade de Educação – UFRGS, 4. ed. Porto Alegre: Globo, 1978.

RAGEN, William B. *Currículo primário moderno*. Rio de Janeiro: Aliança para o Progresso, 1964.

REEDER, Ward G. *The fundamentals of public school administration*. New York: Macmillan Company, 1947.

ROGERS, Carl R. *Liberdade para aprender*. Belo Horizonte: Interlivos, 1971.

SALDANHA, Louremi E.; Mello, Luzia G. de. *Planos de ensino*: sugestões de procedimento para sua elaboração. Porto Alegre: UFRGS, 1972.

SANT'ANNA MARTINS, Ilza; MENEGOLLA, Maximiliano. *Didática*: aprender a ensinar. São Paulo: [s.e.], 1989.

SAYLOR, J. Galen; ALEXANDER, William H. *Planejamento del currículo en la escuela moderna*. Buenos Aires: Troquel, 1970.

TABA, Hilda. *Elaboración del currículo*. Buenos Aires: Troquel, 1974.

_____. *Learning by discovery* – psychological and educational rationale. A talk at the symposium of American Educational Research Association Convention. Atlantic City: New Jersey, 1962.

TYLER, Ralph W. *Princípios básicos de currículo e ensino*. Porto Alegre: Globo, 1974.

UNESCO. *Planificação da educação*. Rio de Janeiro: Fundação Getúlio Vargas, 1971.

WHITEAD, A.N. *Los fines de la educacion*. Buenos Aires: Paidos, 1963.

Conecte-se conosco:

f facebook.com/editoravozes

◉ @editoravozes

🐦 @editora_vozes

▶ youtube.com/editoravozes

🟢 +55 24 2233-9033

www.vozes.com.br

Conheça nossas lojas:

www.livrariavozes.com.br

Belo Horizonte – Brasília – Campinas – Cuiabá – Curitiba
Fortaleza – Juiz de Fora – Petrópolis – Recife – São Paulo

  Vozes de Bolso

EDITORA VOZES LTDA.
Rua Frei Luís, 100 – Centro – Cep 25689-900 – Petrópolis, RJ
Tel.: (24) 2233-9000 – E-mail: vendas@vozes.com.br